Gerik und Tami Chirlek

Excel 2010 . Probleme und Lösungen

Band 2

Gerik und Tami Chirlek

Excel 2010

Probleme und Lösungen

- Band 2 -

Datenbanken, Diagramme, Schutz & Sicherheit,
Kommunikation mit Anwendungen, Sonstiges

gerik CHIRLEK / Edition 24tc
2014

Bibliografische Information der Deutschen Nationalbibliothek
Die Deutsche Nationalbibliothek verzeichnet diese Publikation in der
Deutschen Nationalbibliografie; detaillierte bibliografische Daten sind
im Internet über www.dnb.de abrufbar.

IMPRESSUM
© 2014 gerik CHIRLEK / Edition 24tc
Herstellung und Verlag: BoD - Books on Demand, Norderstedt
ISBN: 978-3-7357-1955-3

Inhaltsverzeichnis

Vorwort 9

1 Einleitung 11

2 Datenbanken 17

2.1 Excel-Tabelle als Datenbank-Liste 18

2.2 Datenbankfunktionen 19

3 Diagramme 23

3.1 Diagramm-Assistent / Diagramm-Typen 23

3.2 Diagramm aus Werten erstellen 24

3.3 Diagrammplatzierung ändern 26

3.4 Diagrammgröße schützen 26

3.5 Beschriftungen 27

3.6 Ausgewählte Daten andersfarbig 30

3.7 Diagrammtyp ändern 31

3.8 Formate ändern 31

3.9 Balkenbreite ändern 32

3.10 Diagramm als Bild kopieren 32

3.11 Diagramm als Bild speichern 33

3.12 Diagramm ohne Diagramm-Assistent 34

3.13 Diagramm von Tabellendaten trennen 36

3.14 Diagramm drucken 37

4 Schutz & Sicherheit 39

4.1 Schutz der Datei (Arbeitsmappe) 39

4.2 Schutz des Tabellenblattes 41

4.3 Schutz für einige Zellen 43

4.4 Leseschutz für Formeln 44

4.5 Unsichtbare Informationen in Zelle 45

4.6 Schreibschutz empfehlen 46

4.7 Sicherungskopie der Datei erstellen 47

4.8 AutoFilter in geschütztem Blatt nutzen 48

4.9 Vergessene Passwörter 49

4.10 Excel Viewer 52

5 Kommunikation mit Anwendungen 53

5.1 Allgemeines 53

5.1.1 Dezimalzahlen 53

5.1.2 Text in Spalten 55

5.2 Excel und Word 56

5.2.1 Excel-Daten in Word 56

5.2.2 Einfügen einer Word-Tabelle in Excel 64

5.2.3 Diagramm aus Excel in Word einfügen 66

5.2.4 Excel für Seriendruck in Word 68

5.3 Excel-Diagramm in PowerPoint 72

5.4 Outlook-Daten als Datei für Excel..................73

5.5 Excel-Datei als Webseite / html speichern................75

6 Sonstiges..................79

6.1 Zeilen..................79

6.1.1 Leerzeilen einfügen..................79

6.1.2 Leerzeilen überspringen..................80

6.2 Seitenwechsel (Seitenumbruch)..................81

6.3 Eingabetaste..................83

6.4 Kopieren ohne Überschreiben..................84

6.5 Textfeld..................85

6.6 Trennlinie wenn Bedingung erfüllt ist..................86

6.7 Dateiformat..................88

6.8 Formatierungszeichen / -code..................89

6.8.1 Darstellungen..................90

6.8.2 Zeitformat..................93

6.8.3 Datumsformat..................94

6.8.4 Sonstige Formate..................95

6.8.5 Währungsformat (ASCII-Code)..................95

6.9 Sonderzeichen..................96

6.10 Tastenkombinationen..................97

6.10.1 Kombinationen mit Strg-Taste..................98

6.10.2 F(unktions)-Tasten..................104

6.10.3 Kombinationen mit Alt-Taste **105**

6.10.4 Kombinationen mit Shift-Taste **107**

6.10.5 Kombinationen mit Windows-Taste **108**

6.10.6 Weitere Tastenkombinationen **109**

6.11 Tastenbezeichnungen **111**

Vorwort

Mit dem vorliegenden Buch der Reihe 'Probleme und Lösungen' erhalten Sie ein kleines Nachschlagewerk für den Umgang mit Microsoft® Excel. Es wurde so aufgebaut, dass bereits geringste Kenntnisse der Oberfläche von Microsoft® Windows® und Microsoft® Excel genügen, um aus den beschriebenen Lösungsansätzen Antworten zu einem vorhandenen Problem zu finden.

Zur besseren Übersicht dienen nachstehende Darstellungen:

`Courier New`	Formel, Schaltfläche etc.
Taste	Taste
☐ + ☐	Tasten gleichzeitig drücken
☐ → ☐	Tasten nacheinander drücken
Kursiv	Hinweistext

Da oft diverse Wege zum gleichen Ziel führen (bspw. Funktion 'Kopieren') haben wir uns mehrheitlich auf eine Möglichkeit beschränkt. Sicherlich werden Sie im Umgang mit der Software noch weitere Wege entdecken.

Wir wünschen Ihnen, dass Sie mit diesem Buch eine kleine Unterstützung für Ihren Alltag finden. Viel Spaß beim Studieren und Ausprobieren.

Köln, im April 2014

Gerik und Tami Chirlek

Bücher der Reihe 'Probleme und Lösungen' erschienen erstmalig im Jahr 2004. Mit freundlicher Genehmigung der damaligen Herausgeberin Claudine Hirschmann - durften Reihe wie auch Inhalte übernommen und aktualisiert werden.

Wichtiger Hinweis
Das Buch wurde mit der Softwarekombination Microsoft® Windows 7 und Microsoft® Office 365 erstellt.
Bei der Zusammenstellung der Informationen wurde mit größter Sorgfalt vorgegangen. Der Verlag wie die Autoren können für dennoch aufgetretene fehlerhafte Angaben und deren Folgen weder juristische Verantwortung noch irgendeine Haftung übernehmen. Verbesserungsvorschläge und Hinweise auf Fehler werden dankend entgegengenommen.
Microsoft® Excel und Microsoft® Windows® sind eingetragene Marken oder Marken der Microsoft Corporation in den USA und/oder anderen Ländern.

1 Einleitung

Microsoft® Excel ist ein Tabellenkalkulationsprogramm.

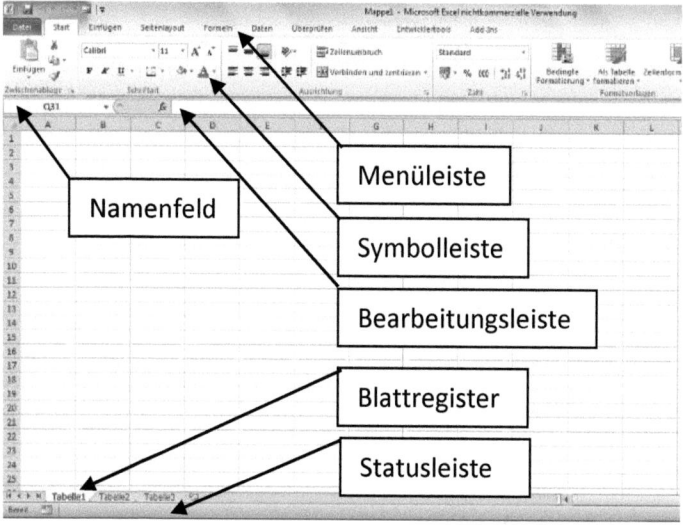

Abb. 1: Darstellung Excel 2010

Ein Tabellenblatt von Excel verfügt über 16.384 Spalten und 1.048.576 Zeilen.

1 Einleitung

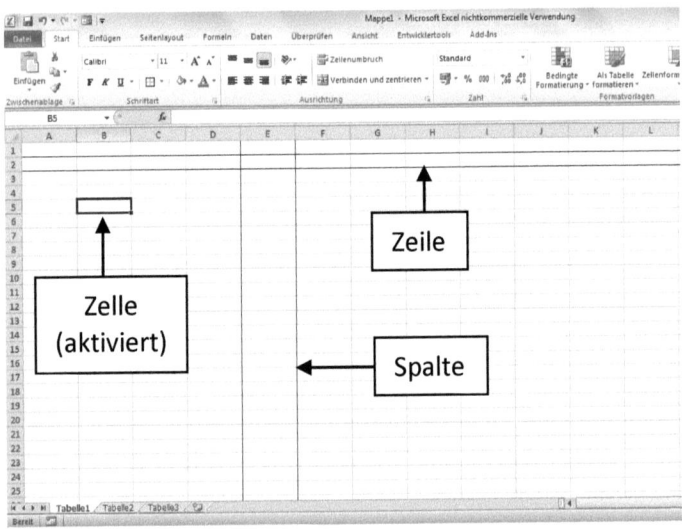

Abb. 2: Darstellung Excel 2010

Die zu Grunde liegende kleinste gemeinsame Einheit ist eine eindeutig definierte Zelle. Dadurch entsteht eine Adressierbarkeit, das heißt der Ort zum Abspeichern von Daten kann genau benannt werden. So bezeichnet die Zelle A1 immer die erste Spalte (A) und davon die erste Zeile (1).

1 Einleitung

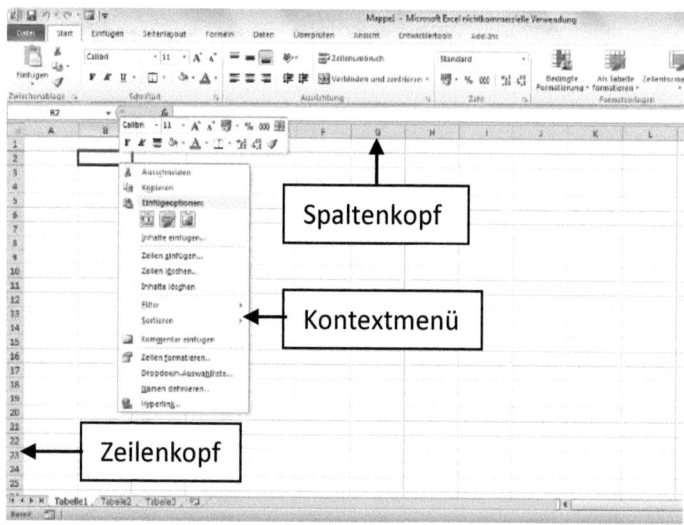

Abb. 3: Darstellung Excel 2010

Jede Zelle kann verschiedene Inhalte haben:
- Text (ist eine Abbildung von Zeichen und wird links ausgerichtet)
- Wert (ist ein numerischer Ausdruck, d. h. eine berechenbare Zahl und wird rechts ausgerichtet)
- Formel (ist eine Berechnung und beginnt am Anfang mit '=')

1 Einleitung

Auch wenn die maximale Spaltenbreite nur 255 Zeichen umfasst, darf der Inhalt einer Zelle aus maximal 32.767 Zeichen bestehen. Dabei ist jedoch zu beachten, dass Excel der IEEE 754-Spezifikation zur Speicherung und Berechnung von Gleitkommazahlen folgt. Deshalb werden nur 15 signifikante Ziffern in einer Zahl gespeichert und folgende Ziffern in Nullen geändert. Zur Darstellung müsste dann das Textformat genutzt oder Leerzeichen an beliebigen Stellen eingefügt werden.

Weitere Spezifikationen können folgender Internetseite entnommen werden:

http://office.microsoft.com/de-de/excel-help/spezifikationen-und-beschrankungen-in-excel-HP010342495.aspx

Abschließend sei noch darauf verwiesen, dass im Umgang mit Excel nicht nur Eingaben in Zellen möglich sind, sondern auch in Dialogfenstern erforderlich sein können.

1 Einleitung

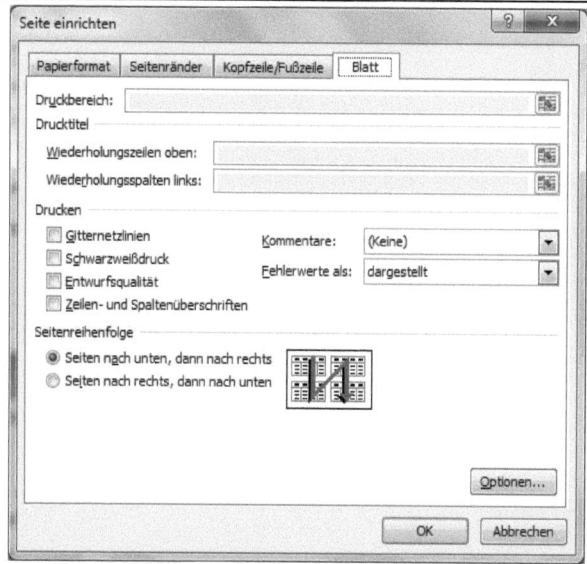

Abb. 4: Darstellung Excel 2010

Ein Dialogfenster ist meist selbsterklärend. Es enthält oft Eingabe- und Auswahlfelder, darüber hinaus Checkboxen und Optionsfelder.

Checkbox	- aktiviert	☑ oder ☒
	- deaktiviert	☐
Optionsfeld	- ausgewählt	⊙
	- nicht ausgewählt	○

Mehr bedarf es an dieser Stelle nicht, um sich die Welt der Excel-Tabellenkalkulation zu erschließen.

1 Einleitung

2 Datenbanken

Das Programm Microsoft® Excel kann auch als Datenbank verwendet werden. Allerdings sollte die Datensatzmenge 1000 Einträge nicht übersteigen. Dabei entspricht jede Zeile einem Datensatz.

Es empfiehlt sich pro Liste ein Tabellenblatt zu verwenden, da die Funktion *'Filtern'* über mehrere Listen gleichzeitig nicht ausführbar ist. Darüber hinaus sollte von einer Verknüpfung von Tabellenblättern abgesehen werden, da daraus viele redundante Daten folgen können.

Rechts und unten sollte die Liste mit mindestens einer leeren Spalte / Zeile begrenzt sein.

Begrifflichkeiten	
Tabellenblatt	Arbeitsblatt
Arbeitsmappe	Datei
Tabelle	Datenbank
Zeile	Datensatz
Spalte	Feld
Spaltenüberschriften	(Daten)feldnamen (müssen eindeutig sein, dürfen sich nicht wiederholen und müssen in der ersten Zeile stehen)

2 Datenbanken

2.1 Excel-Tabelle als Datenbank-Liste

1. In Excel: Eingabe der Spaltenüberschriften.
2. Markieren des Datenbereiches, der in eine Liste umgewandelt werden soll.
3. Mausklick (linke Maustaste) auf den Pfeil der Symbolleiste für den Schnellzugriff (oberste Reihe) oder mittels Mausklick (linke Maustaste) in der Menüleiste auswählen: `'Datei'` → `'Optionen'` → `'Menüband anpassen'`.
4. Im Bereich `'Befehle auswählen'` Auswahl des Eintrags `'Alle Befehle'`.
5. Innerhalb der Liste: Mausklick (linke Maustaste) auf den Eintrag `'Maske...'`.
6. Mausklick (linke Maustaste) auf die Schaltfläche `'Hinzufügen >>'`.
7. Mausklick (linke Maustaste) auf die Schaltfläche `'OK'`.
8. Mausklick (linke Maustaste) auf das in der Symbolleiste für den Schnellzugriff eingefügte neue Symbol `'Maske'`.

Hinweis: Auf eine Datenbank in Microsoft® Excel können nicht mehrere Benutzer gleichzeitig zugreifen.

2.2 Datenbankfunktionen

Alle Datenbankfunktionen beginnen mit 'DB'.

Syntax:
DBFORMEL(Datenbank;
Datenbankfeld;Suchkriterium)

Datenbank:
Bereich in dem sich die Liste befindet.

Datenbankfeld:
Feldname der Spalte, in der etwas getan werden soll (Zellbezug oder "Überschrift" angeben)

Suchkriterium:
Angabe, ob die ganze DB durchsucht werden soll oder nur ein Teilbereich).

Beispiel:
In einer Datenbank wurde pro Agentur der jeweilige Umsatz aufgelistet. Es sollen ausschließlich die Umsätze addiert werden, die oberhalb '100' liegen.

In die Zelle *'C8'* Eingabe der Formel:
=DBSUMME(A1:C7;C1;A8:B9)

2 Datenbanken

	A	B	C	D
1	Agentur	Name	Umsatz	
2	1111	Nichtsoviel	50	
3	2222	Garnichtgut	10	
4	3333	Superschlau	150	
5	4444	Geradeso	101	
6	5555	Knappvorbei	100	
7	6666	Nichtsoschlimm	90	
8		Umsatz	*251*	
9		> 100		

DBANZAHL	Zählt die Zellen einer DB, die Zahlen enthalten.
DBANZAHL2	Zählt nichtleere Zellen.
DBAUSZUG	Extrahiert Datensatz, der den Kriterien entspricht.
DBMAX	Größter Wert.
DBMIN	Kleinster Wert.
DBMITTELWERT	Mittelwert.
DBPRODUKT	Multipliziert die Werte eines Feldes der Datensätze in einer DB, die mit den Kriterien übereinstimmen.

DBSTDABW	Schätzt die Standardabweichung, ausgehend von Stichproben aus ausgewählten Datenbankeinträgen.
DBSTDABWN	Berechnet die Standardabweichung, ausgehend von der Grundgesamtheit der ausgewählten Datenbankeinträge.
DBSUMME	Summiert die Zahlen in der Feldspalte der Datensätze in der DB, die dem Kriterium entsprechen.
DBVARIANZ	Schätzt die Varianz, ausgehend von Stichproben aus ausgewählten Datensätzen.
DBVARIANZEN	Berechnet die Varianz, ausgehend von der Grundgesamtheit der ausgewählten Datenbankeinträge.

2 Datenbanken

3 Diagramme

3.1 Diagramm-Assistent / Diagramm-Typen

Es gibt unterschiedliche Darstellungsformen. Der Diagramm-Assistent leistet Hilfestellung bei der Erstellung der verschiedensten Diagrammtypen. Im Standard stehen dabei zur Auswahl:

- Diagrammtyp Säule
- Diagrammtyp Linie
- Diagrammtyp Kreis
- Diagrammtyp Balken
- Diagrammtyp Bereich
- Diagrammtyp Punkt (X Y)
- Diagrammtyp Kurs
- Diagrammtyp Oberfläche
- Diagrammtyp Ring
- Diagrammtyp Blase
- Diagrammtyp Netz

3.2 Diagramm aus Werten erstellen

1. Markieren der zu verwendenden Tabellenwerte.
2. In der Menüleiste auswählen: `'Einfügen'`.
3. Mausklick (linke Maustaste) auf den gewünschten Diagrammtyp. *Das gewünschte Diagramm wird in einem Entwurf dargestellt. Zusätzlich werden in der Symbolleiste weitere Optionen angezeigte, mit deren Hilfe das Diagramm angepasst werden kann.*
4. Sofern die Zeilen mit Spalten gewechselt werden sollen: In der Menüleiste Mausklick (linke Maustaste) auf `'Diagrammtools'` → `'Entwurf'` auf das Symbol `'Zeile/Spalte wechseln'`.
5. In der Menüleiste Mausklick (linke Maustaste) auf `'Diagrammtools'` → `'Entwurf'`.
6. Mausklick (linke Maustaste) auf das Symbol `'Daten auswählen'`. *In dem sich öffnenden Dialogfenster wird der Diagrammdatenbereich angezeigt. Eine Änderung ist an dieser Stelle möglich.*
7. Mausklick (linke Maustaste) auf eine der angezeigten Datenreihe.

8. Mausklick (linke Maustaste) auf die Schaltfläche 'Bearbeiten' und im Feld 'Reihenname' Eingabe des gewünschten Namens für die Datenreihe.
9. Mausklick (linke Maustaste) auf die Schaltfläche 'OK'.
10. Schritte 8 und 9 für alle vorhandenen und noch nicht beschrifteten Datenreihen wiederholen.
11. Mausklick (linke Maustaste) auf die Schaltfläche 'Ausgeblendete und leere Datenzellen'.
12. Mausklick (linke Maustaste) auf die gewünschte Option, ob leere Zellen als 'Lücke' oder 'Null' angezeigt werden sollen.
13. Mausklick (linke Maustaste) auf die Schaltfläche 'OK'.
14. Mausklick (linke Maustaste) auf die Schaltfläche 'OK' des Dialogfensters 'Datenquelle auswählen'.
15. In der Menüleiste Mausklick (linke Maustaste) auf 'Diagrammtools' → 'Layout'.
16. Mittels Mausklick (linke Maustaste) Auswahl und Anpassung gewünschter Details wie u. a. die Darstellung von Diagramm- und Achsentitel.

3 Diagramme

17. In der Menüleiste Mausklick (linke Maustaste) auf `'Diagrammtools'` → `'Format'`.
18. Mittels Mausklick (linke Maustaste) Auswahl und Anpassung gewünschter Details wie u. a. die Darstellung von Schrift und Diagramm.

3.3 Diagrammplatzierung ändern

1. Mausklick (rechte Maustaste) in eine Freifläche des Diagramms.
2. Mausklick (linke Maustaste) auf `'Diagramm verschieben...'`.
3. In dem sich öffnenden Dialogfenster: Auswahl des gewünschten Speicherorts. Anschließend Mausklick (linke Maustaste) auf die Schaltfläche `'OK'`.

3.4 Diagrammgröße schützen

1. Mausklick (rechte Maustaste) in eine Freifläche des Diagramms.
2. Mausklick (linke Maustaste) auf `'Diagrammbereich formatieren...'`.

3. In dem sich öffnenden Dialogfenster: Mausklick (linke Maustaste) auf 'Eigenschaften'.
4. Mittels Mausklick (linke Maustaste) Aktivieren der Option 'Von Zellposition und -größe abhängig' bzw. 'Nur von Zellposition abhängig'.
5. Mausklick (linke Maustaste) auf die Schaltfläche 'Schließen'.

3.5 Beschriftungen

<u>Tipp</u> 1: **Dynamischen Diagrammtitel erstellen**

1. Diagramm mit Diagrammtitel anlegen.
2. Mausklick (linke Maustaste) auf den Diagrammtitel.
3. Mausklick (linke Maustaste) in die Bearbeitungsleiste und Eingabe eines Gleichheitszeichens (=).
4. Mausklick (linke Maustaste) auf die Zelle der Tabelle, die den gewünschten Text enthält und Taste Enter ↵ drücken.
   (Sobald sich nun der Zellentext ändert, ändert sich automatisch auch der Diagrammtitel.)

3 Diagramme

Tipp 2: Überschreiben der Beschriftungswerte

1. Mausklick (linke Maustaste) auf das Diagramm.
2. In der Menüleiste Mausklick (linke Maustaste) auf `'Diagrammtools'` → `'Layout'`.
3. Mausklick (linke Maustaste) auf das Symbol `'Datenbeschriftungen'`.
4. Mausklick (linke Maustaste) auf `'Weitere Datenbeschriftungsoptionen...'`.
5. Mausklick (linke Maustaste) auf `'Beschriftungsoptionen'` und die Option `'Wert'` aktivieren (Häkchen muss gesetzt sein).
6. Mausklick (linke Maustaste) auf die Schaltfläche `'Schließen'`.
7. Mausklick (linke Maustaste) auf einen Wert. *(Es werden alle Werte markiert.)*
8. Mausklick (linke Maustaste) auf den zu ändernden Wert.
9. Eingabe des gewünschten Textes.
10. Mausklick (linke Maustaste) in eine Freifläche des Diagramms.

3 Diagramme

Tipp 3: **Dynamische Beschriftungen erstellen**

1. Mausklick (linke Maustaste) auf das Diagramm.
2. In der Menüleiste Mausklick (linke Maustaste) auf `'Diagrammtools'` → `'Layout'`.
3. Mausklick (linke Maustaste) auf das Symbol `'Datenbeschriftungen'`.
4. Mausklick (linke Maustaste) auf `'Weitere Datenbeschriftungsoptionen...'`.
5. Mausklick (linke Maustaste) auf `'Beschriftungsoptionen'` und die Option `'Wert'` aktivieren (Häkchen muss gesetzt sein).
6. Mausklick (linke Maustaste) auf die Schaltfläche `'Schließen'`.
7. Mausklick (linke Maustaste) auf einen Wert.
   (Es werden alle Werte markiert.)
8. Mausklick (linke Maustaste) in die Bearbeitungsleiste und Eingabe eines Gleichheitszeichens (=).
9. Mausklick (linke Maustaste) auf die Zelle der Tabelle, die den gewünschten Text enthält und Taste `Enter ↵` drücken.
   (Sobald sich nun der Zellentext ändert, ändert sich auch die Diagrammbeschriftung.)

3 Diagramme

<u>Tipp</u> 4: **Datenreihe mit Wert '0' nicht beschriften**
Standardmäßig bezeichnet Excel auch Datenreihen, die '0' sind. Wenn das nicht gewünscht ist, können nachstehende Schritte durchgeführt werden:

1. Mausklick (linke Maustaste) auf den nicht gewünschten Diagramm-Wert.
   Es werden automatisch alle Werte markiert.
2. Mausklick (linke Maustaste) auf den nicht gewünschten Diagramm-Wert und die Taste `Entf` drücken.

3.6 Ausgewählte Daten andersfarbig

1. Innerhalb des Diagramms: Markieren des Wertes / der Datenreihe, der andersfarbig dargestellt werden soll.
   (Jeweils nur einen Wert bzw. eine Datenreihe markieren!)
2. Mausklick (rechte Maustaste) in die Markierung.
3. In dem sich öffnenden Kontextmenü auswählen: `'Datenbeschriftungen formatieren...'`.
4. In dem sich öffnenden Dialogfenster auswählen: `'Füllung'` und gewünschte Farbe definieren.

5. Mausklick (linke Maustaste) auf die Schaltfläche `'Schließen'`.

Hinweis: Die Schritte müssen für alle Werte / Datenreihen, die andersfarbig dargestellt werden sollen, wiederholt werden.

3.7 Diagrammtyp ändern

1. Mausklick (rechte Maustaste)-
2. Mausklick auf den Eintrag `'Diagrammtyp ändern...'`.
3. In dem sich öffnenden Dialogfenster gewünschte Änderungen vornehmen.
4. Mausklick (linke Maustaste) auf die Schaltfläche `'OK'`.

3.8 Formate ändern

1. Doppelmausklick (linke Maustaste) auf den Diagrammteil, welcher geändert werden soll.
2. In dem sich öffnenden Dialogfenster gewünschte Änderungen vornehmen.
3. Mausklick (linke Maustaste) auf die Schaltfläche `'Schließen'`.

3.9 Balkenbreite ändern

1. Doppelmausklick (linke Maustaste) auf den zu verändernden Balken.
2. In dem sich öffnenden Dialogfenster: Mausklick (linke Maustaste) auf `'Reihenoptionen'`.
3. Den Wert im Feld `'Abstandsbreite'` wunschgemäß verändern (je kleiner der Abstand, je breiter der Balken).
4. Mausklick (linke Maustaste) auf die Schaltfläche `'Schließen'`.

3.10 Diagramm als Bild kopieren

1. Diagramm markieren.
2. In der Menüleiste mittels Mausklick (linke Maustaste) auswählen: `'Start'`.
3. Mausklick (linke Maustaste) auf den Pfeil am Symbol `'Kopieren'`.
4. Auswahl der Option `'Als Bild kopieren...'`.
5. In dem sich öffnenden Dialogfenster auswählen der gewünschten Darstellungs- und Format-Option. Anschließend Mausklick (linke Maustaste) auf die Schaltfläche `'OK'`.

6. Mausklick (linke Maustaste) an die Stelle, an welcher das Diagramm als Bild eingefügt werden soll.
7. In der Menüleiste mittels Mausklick (linke Maustaste) auswählen: 'Start'.
8. Mausklick (linke Maustaste) auf das Symbol 'Einfügen'.

3.11 Diagramm als Bild speichern

1. Diagramm markieren.
2. In der Menüleiste mittels Mausklick (linke Maustaste) auswählen: 'Start'.
3. Mausklick (linke Maustaste) auf den Pfeil am Symbol 'Kopieren'.
4. Mittels Mausklick (linke Maustaste) Auswahl der Option 'Als Bild kopieren...'.
5. In dem sich öffnenden Dialogfenster auswählen der Darstellungsoption 'Wie angezeigt' und unter 'Format' wählen, ob das Diagramm als Bild (Windows-Metafile-Format ohne Qualitätsverlust frei skalierbar) oder Bitmap (Pixelbild in BMP-Format) gespeichert werden soll.
6. Mausklick (linke Maustaste) auf die Schaltfläche 'OK'.

Damit befindet sich das Diagramm als Bild im Zwischenspeicher.

7. Gewünschtes Programm öffnen und das Diagramm als Bild einfügen bzw. bei Bedarf ein Grafikprogramm öffnen und das Diagramm als Grafik in einem anderen Format abspeichern.

3.12 Diagramm ohne Diagramm-Assistent

Selbstverständlich kann ein Diagramm auch erzeugt werden, ohne die einzelnen Schritte des Diagramm-Assistenten tatsächlich 'abzuarbeiten'. Im Standard wird das Balken-Diagramm angeboten. Nach der Erstellung lässt sich der Diagrammtyp über die Diagramm-Symbolleiste ändern.

Tipp 1: **Balken mit Diagrammfunktionalität**

1. In einem Excel-Tabellenblatt Eingabe der Werte, die im Diagramm dargestellt werden sollen.
2. Markieren der eingegebenen Werte.
3. Tastenkombination Alt + F1 drücken.

Tipp 2: Balken ohne Diagrammfunktionalität

1. In der Spalte 'A' Eingabe der Werte, die als Balken dargestellt werden sollen. Mit der Zelle 'A1' beginnend.
2. Parallel zu den Werten in der Spalte 'B' Eingabe nachstehender Formel. Mit der Zelle 'B1' beginnend.
  =WIEDERHOLEN("=";A1)
3. Markieren der damit entstandenen Balken und die Schriftgröße auf sehr klein, bspw. 4,5 pt ändern.

Hinweis: Die Länge der Balken kann durch die Multiplikation mit einem Faktor erreicht werden. In diesem Fall wäre die Formel bspw. wie folgt abzuändern:

=WIEDERHOLEN("=";A1*100)

Die Ausrichtung der Balken kann mittels Ausrichtungstyp in der Zellformatierung bestimmt werden. Dazu ist wie folgt vorzugehen:

1. Markieren der Zellen mit den erzeugten Balken.
2. Mausklick (rechte Maustaste).

3. In dem sich öffnenden Kontextmenü mittels Mausklick (linke Maustaste) Auswahl `'Zellen formatieren...'`.
4. In dem sich öffnenden Dialogfenster: Mausklick (linke Maustaste) auf die Registerkarte `'Ausrichtung'` und gewünschte Eingaben vornehmen.
5. Mausklick (linke Maustaste) auf die Schaltfläche `'OK'`.

3.13 Diagramm von Tabellendaten trennen

1. Mausklick (linke Maustaste) auf einen Wert der ersten Datenreihe.
   Damit ist die erste Datenreihe markiert.
2. Mausklick (linke Maustaste) in die Bearbeitungsleiste.
3. Taste `F9` drücken.
   Damit ändert sich der Eintrag in der Bearbeitungsleiste. Das Diagramm wird von den Tabellendaten getrennt.
4. Taste `Enter ↵` drücken.

Hinweis: Die genannten Schritte sind für jede betroffene Datenreihe zu wiederholen.

3.14 Diagramm drucken

<u>Tipp</u> 1: **Diagramm mit Zahlenwert drucken**

1. Mausklick (linke Maustaste) auf das Diagramm. *Damit wird das Diagramm aktiviert.*
2. In der Menüleiste mittels Mausklick (linke Maustaste) auswählen: `'Datei'` → `'Drucken'`.
3. Im Feld `'Einstellungen'` die Option `'Markiertes Diagramm drucken'`.
4. Mausklick (linke Maustaste) auf die Schaltfläche `'Drucken'`.

<u>Tipp</u> 2: **Diagramm ohne Zahlenwert drucken**

1. Mausklick (linke Maustaste) auf eine Datenreihe. *Damit wird die gesamte Datenreihe aktiviert.*
2. In der Menüleiste Mausklick (linke Maustaste) auf `'Diagrammtools'` → `'Layout'`.
3. Mausklick (linke Maustaste) auf das Symbol `'Datenbeschriftungen'`.
4. Mausklick (linke Maustaste) auf `'Weitere Datenbeschriftungsoptionen...'`.
5. Mausklick (linke Maustaste) auf `'Beschriftungsoptionen'` und die *Option*

3 Diagramme

      '`Wert`' deaktivieren' (Häkchen ist nicht gesetzt).
6. Mausklick (linke Maustaste) auf die Schaltfläche '`Schließen`'.
7. *Die Schritte 1 bis 6 für jede gewünschte Datenreihe wiederholen.*
8. Mausklick (linke Maustaste) auf das Diagramm. *Damit wird das Diagramm aktiviert.*
9. In der Menüleiste mittels Mausklick (linke Maustaste) auswählen: '`Datei`' → '`Drucken`'.
10. Im Feld '`Einstellungen`' die Option '`Markiertes Diagramm drucken`'.
11. Mausklick (linke Maustaste) auf die Schaltfläche '`Drucken`'.

4 Schutz & Sicherheit

4.1 Schutz der Datei (Arbeitsmappe)

Durch Verwendung eines Passwortes können eine Datei bzw. einzelne Bereiche gegen ungewollte Änderungen geschützt werden. Darüber hinaus kann ein Passwort gegen ungewolltes Öffnen der Datei schützen.

<u>Tipp</u> 1: **Schreibschutzkennwort auf die Datei**
Die Datei darf zwar ohne Passwort geöffnet werden, jedoch sollen keine Veränderungen vorgenommen werden.

1. In der Menüleiste mittels Mausklick (linke Maustaste) auswählen: `'Datei'` → `'Speichern unter...'`.
2. Mausklick (linke Maustaste) auf die Schaltfläche `'Tools'`.
3. In dem sich öffnenden Kontextmenü: Mausklick (linke Maustaste) auf `'Allgemeine Optionen...'`.
4. Im Feld `'Kennwort zum Ändern'` das gewünschte Passwort vergeben.
5. Mausklick (linke Maustaste) auf die Schaltfläche `'OK'`.

4 Schutz & Sicherheit

6. In dem sich öffnenden Dialogfenster die Eingabe des soeben vergebenen Passwortes wiederholen.
7. Mausklick (linke Maustaste) auf die Schaltfläche `'OK'`.
   Damit wird das Dialogfenster geschlossen.
8. Mausklick (linke Maustaste) auf die Schaltfläche `'Speichern'`.

Nun kann die Datei nur schreibgeschützt geöffnet werden. Für eine Änderung der enthaltenen Daten ist die Eingabe des Passwortes notwendig.

Tipp 2: **Lese-/Schreibkennwort auf die Datei**
Die Datei soll sich nur bei Passworteingabe öffnen lassen.

1. In der Menüleiste mittels Mausklick (linke Maustaste) auswählen: `'Datei'` → `'Speichern unter...'`.
2. Mausklick (linke Maustaste) auf die Schaltfläche `'Tools'`.
3. In dem sich öffnenden Kontextmenü: Mausklick (linke Maustaste) auf `'Allgemeine Optionen...'`.
4. Im Feld `'Kennwort zum Öffnen'` das gewünschte Passwort vergeben.

5. Mausklick (linke Maustaste) auf die Schaltfläche `'OK'`.
6. In dem sich öffnenden Dialogfenster die Eingabe des soeben vergebenen Passwortes wiederholen.
7. Mausklick (linke Maustaste) auf die Schaltfläche `'OK'`.
   Damit wird das Dialogfenster geschlossen.
8. Mausklick (linke Maustaste) auf die Schaltfläche `'Speichern'`.

Nun kann die Datei erst nach Eingabe des Passwortes geöffnet werden.

4.2 Schutz des Tabellenblattes

Nicht nur eine Datei, auch ein einzelnes Tabellenblatt kann mit einem Passwort geschützt werden.

1. In der Menüleiste mittels Mausklick (linke Maustaste) auswählen: `'Datei'` → `'Informationen'` → `'Arbeitsmappe schützen'` → `'Aktuelle Tabelle schützen'`.
2. In dem sich öffnenden Dialogfenster: Aktivieren der Option `'Arbeitsblatt und Inhalt gesperrter Zellen schützen'` (Häkchen muss gesetzt sein).

3. Im Feld `'Kennwort zum Aufheben des Blattschutzes'` das gewünschte Passwort eingeben.
4. Sofern notwendig zusätzliche Optionen aktivieren.
5. Mausklick (linke Maustaste) auf die Schaltfläche `'OK'`.
6. In dem sich öffnenden Dialogfenster die Eingabe des soeben vergebenen Passwortes wiederholen.
7. Mausklick (linke Maustaste) auf die Schaltfläche `'OK'`.

Deaktivieren - Blattschutz aufheben

1. In der Menüleiste mittels Mausklick (linke Maustaste) auswählen: `'Datei'` → `'Informationen'`.
2. Im Abschnitt `'Arbeitsmappe schützen'`: Mausklick (linke Maustaste) auf `'Schutz aufheben'`.
3. In dem sich öffnenden Dialogfenster: Eingabe des Passwortes.
4. Mausklick (linke Maustaste) auf die Schaltfläche `'OK'`.

4.3 Schutz für einige Zellen

1. Markieren aller Zellen, die nicht geschützt sein sollen (`Strg` + Mausklick mit linker Maustaste).
2. Mausklick (rechte Maustaste).
3. In dem sich öffnenden Kontextmenü auswählen: `'Zellen formatieren...'`.
4. Mausklick (linke Maustaste) auf das Registerblatt: `'Schutz'`.
5. Mittels Mausklick (linke Maustaste) Deaktivieren des Feldes `'Gesperrt'` (so dass Häkchen nicht gesetzt ist).
6. Mausklick (linke Maustaste) auf die Schaltfläche `'OK'`.
7. In der Menüleiste mittels Mausklick (linke Maustaste) auswählen: `'Datei'` → `'Informationen'` → `'Arbeitsmappe schützen'` → `'Aktuelle Tabelle schützen'`.
8. In dem sich öffnenden Dialogfenster: Aktivieren der Option `'Arbeitsblatt und Inhalt gesperrter Zellen schützen'` (Häkchen muss gesetzt sein).
9. Im Feld `'Kennwort zum Aufheben des Blattschutzes'` das gewünschte Passwort eingeben.

4 Schutz & Sicherheit

10. Mittels Mausklick (linke Maustaste): Deaktivieren der Option `'Gesperrte Zellen auswählen'` (Häkchen ist nicht gesetzt).
11. Mittels Mausklick (linke Maustaste): Aktivieren der Option `'Nicht gesperrte Zellen auswählen'` (Häkchen muss gesetzt sein).
12. Mausklick (linke Maustaste) auf die Schaltfläche `'OK'`.
13. In dem sich öffnenden Dialogfenster die Eingabe des soeben vergebenen Passwortes wiederholen.
14. Mausklick (linke Maustaste) auf die Schaltfläche `'OK'`.

Hinweis: Nun können nur die Zellen bearbeitet werden, deren Sperrung aufgehoben wurde. Mittels der `Tab ⇆` *-Taste (vorwärts) und* `Tab ⇆` + `Shift ⇧` *(rückwärts) kann zwischen den veränderbaren Zellen gewechselt werden.*

4.4 Leseschutz für Formeln

1. Markieren der Zellen, die Formeln enthalten.
2. In der Menüleiste mittels Mausklick (linke Maustaste) auswählen: `'Start'`.
3. Mausklick (linke Maustaste) auf das Symbol `'Kopieren'`.

4. Mausklick (rechte Maustaste).
5. In dem sich öffnenden Kontextmenü auswählen der Eifügeoption: `'Werte'`.

Hinweis: Alle Formeln wurden nun in konstante Werte umgewandelt und sind nicht mehr verfügbar. Deshalb empfiehlt es sich, zuvor eine Sicherungskopie des Tabellenblattes / der Datei anzufertigen.

4.5 Unsichtbare Informationen in Zelle

Sofern in einer Zelle zwar Informationen vorhanden sind, diese jedoch nicht angezeigt werden sollen, kann wie folgt verfahren werden.

1. Markieren aller Zellen, die nicht geschützt sein sollen (`Strg` + Mausklick mit linker Maustaste).
2. Mausklick (rechte Maustaste).
3. In dem sich öffnenden Kontextmenü auswählen: `'Zellen formatieren...'`.
4. Mausklick (linke Maustaste) auf das Registerblatt: `'Zahlen'`.
5. Im Feld `'Kategorie'` auswählen `'Benutzerdefiniert'`.
6. Den Eintrag im Feld `'Typ'` überschreiben mit: `;;;` (3 Semikolons).

4 Schutz & Sicherheit

7. Mausklick (linke Maustaste) auf die Schaltfläche `'OK'`.

Hinweis: Die Informationen sind jetzt nur in der Eingabezeile sichtbar, wenn die betreffende Zelle aktiviert ist. Das Verfahren eignet sich bspw. bei Berechnungen, wo in der Tabelle zwar das Endergebnis, jedoch nicht das Zwischenergebnis angezeigt werden soll.

4.6 Schreibschutz empfehlen

1. In der Menüleiste mittels Mausklick (linke Maustaste) auswählen: `'Datei'` → `'Speichern unter...'`.
2. Mausklick (linke Maustaste) auf die Schaltfläche `'Tools'`.
3. In dem sich öffnenden Kontextmenü: Mausklick (linke Maustaste) auf `'Allgemeine Optionen...'`.
4. Mittels Mausklick (linke Maustaste) Aktivieren der Option `'Schreibschutz empfehlen'` (Häkchen muss gesetzt sein).
5. Mausklick (linke Maustaste) auf die Schaltfläche `'OK'`.

Deaktivieren der Schreibschutzempfehlung

1. In der Menüleiste mittels Mausklick (linke Maustaste) auswählen: `'Datei'` → `'Speichern unter...'`.
2. Mausklick (linke Maustaste) auf die Schaltfläche `'Tools'`.
3. In dem sich öffnenden Kontextmenü: Mausklick (linke Maustaste) auf `'Allgemeine Optionen...'`.
4. Mittels Mausklick (linke Maustaste) Deaktivieren der Option `'Schreibschutz empfehlen'` (Häkchen ist nicht gesetzt).
5. Mausklick (linke Maustaste) auf die Schaltfläche `'OK'`.

4.7 Sicherungskopie der Datei erstellen

Es empfiehlt sich von jeder zu verändernden Datei eine Sicherungskopie (Backup) anzufertigen, da es nie ausgeschlossen werden kann, dass durch eine versehentliche Falscheingabe Microsoft® Excel einmal anders reagiert als erhofft.

1. In der Menüleiste mittels Mausklick (linke Maustaste) auswählen: `'Datei'` → `'Speichern unter...'`.
2. Mausklick (linke Maustaste) auf die Schaltfläche `'Tools'`.
3. In dem sich öffnenden Kontextmenü: Mausklick (linke Maustaste) auf `'Allgemeine Optionen...'`.
4. Mittels Mausklick (linke Maustaste) Aktivieren der Option `'Sicherungsdatei erstellen'` (Häkchen muss gesetzt sein).
5. Mausklick (linke Maustaste) auf die Schaltfläche `'OK'`.

4.8 AutoFilter in geschütztem Blatt nutzen

1. Markieren der Spalten, in welchen ein AutoFilter gesetzt werden soll.
2. In der Menüleiste mittels Mausklick (linke Maustaste) auswählen: `'Daten'` → `'Filtern'`. *Damit ist die AutoFilter-Funktion bei den zuvor ausgewählten Spalten gesetzt.*
3. In der Menüleiste mittels Mausklick (linke Maustaste) auswählen: `'Datei'` → `'Informationen'` → `'Arbeitsmappe schützen'` → `'Aktuelle Tabelle schützen'`.

4 Schutz & Sicherheit

4. In dem sich öffnenden Dialogfenster: Aktivieren der `Option 'Arbeitsblatt und Inhalt gesperrter Zellen schützen'` (Häkchen muss gesetzt sein).
5. Im Feld `'Kennwort zum Aufheben des Blattschutzes'` das gewünschte Passwort eingeben.
6. Mittels Mausklick (linke Maustaste) Aktivieren der Eigenschaft `'AutoFilter verwenden'` (Häkchen muss gesetzt sein).
7. Mausklick (linke Maustaste) auf die Schaltfläche `'OK'`.
8. In dem sich öffnenden Dialogfenster das Kennwort nochmals eingeben.
9. Mausklick (linke Maustaste) auf die Schaltfläche `'OK'`.

Nun ist das Blatt zwar geschützt, die Anwendung der AutoFilter-Funktion jedoch möglich.

4.9 Vergessene Passwörter

Sensible Daten können mit Passwörtern geschützt werden. Geraten jedoch diese Passwörter in Vergessenheit, wären die Dateien beinahe unbrauchbar gemacht.

4 Schutz & Sicherheit

Um das zu verhindern, stehen im Internet diverse Tools zum Download bereit, bspw. 'Password_2007_2010.xlam'.

Mit den Tools können jene Passwörter 'geknackt' werden, die ein einzelnes Blatt bzw. eine Mappe schützen, die innerhalb einer nicht geschützten Arbeitsmappe vergeben wurden. Das schließt aus, dass Passwörter, die über die Funktion `'Datei'` → `'Speichern unter...'` → `'Tools'` → `'Allgemeine Optionen...'` → `'Kennwort zum Öffnen'` vergeben wurden und die Datei selbst schützen sollen, damit ebenfalls 'geöffnet' werden können.

1. Das gewünschte Tool aus dem Internet downloaden.
2. In Excel: In der Menüleiste auswählen: `'Datei'` → `'Optionen'` → `'Add-Ins'`.
3. In dem sich öffnenden Dialogfenster: Im Feld `'Verwalten'` Auswahl der Option `'Excel-Add-Ins'` und Mausklick (linke Maustaste) auf die Schaltfläche `'Gehe zu...'`.
4. In dem sich öffnenden Dialogfenster: Mausklick (linke Maustaste) auf die Schaltfläche `'Durchsuchen...'`.

5. In dem sich öffnenden Dialogfenster die Tool-Datei auswählen und Mausklick (linke Maustaste) auf die Schaltfläche 'OK'.
6. Mausklick (linke Maustaste) auf die Schaltfläche 'OK'. *Damit wird das Dialogfenster 'Add-Ins' geschlossen.*
7. In dem sich öffnenden Dialogfenster: Mausklick (linke Maustaste) auf die Schaltfläche 'OK'.

Für das erwähnte Add-In würden damit in Excel unter dem Menüpunkt 'Straxx' die Optionen 'Unprotect sheet' (Blattschutz), 'Unprotect workbook' (Arbeitsmappenschutz) und 'Unprotect workbook' (Blatt- und Arbeitsmappenschutz) zur Verfügung stehen.

Mittels Mausklick (linke Maustaste) auf den jeweiligen Eintrag kann nun das Passwort aufgehoben werden.

Einerseits kann also ein Blick in das Internet helfen, wenn ein Passwort in die Vergessenheit geriet. Andererseits ist das ein Zeichen, bei tatsächlich sensiblen Daten nicht nur die Funktionalität 'Blattschutz' zu verwenden, da diese Tools für jedermann zugänglich sind.

4.10 Excel Viewer

Damit Excel-Tabellen auch für Anwender ohne Excel betrachtbar sind, kann im Internet unter Microsoft® ein Excel-Viewer gedownloaded werden. Mit diesem kann u. a. eine Excel-Tabelle geöffnet, der Dateninhalt sortiert, kopiert und ausgedruckt werden.

5 Kommunikation mit Anwendungen

5.1 Allgemeines

5.1.1 Dezimalzahlen

An einem PC mit deutscher Ländereinstellung kann es beim Einlesen von Dezimalzahlen anderer Programme in Microsoft® Excel zu Problemen kommen, wenn in diesen statt dem Trennzeichen ',' ein '.' verwendet wurde. Das kommt bspw. regelmäßig bei Daten aus den USA oder der Schweiz vor. Nachstehende Schritte können durchgeführt werden, um mit diesen Daten dennoch weiterrechnen zu können:

Tipp 1: **In Excel**

1. Die betreffenden Datensätze, ggf. das gesamte Tabellenblatt markieren.
2. In der Menüleiste mittels Mausklick (linke Maustaste) auswählen: `'Start'` → `'Suchen und Auswählen'` → `'Ersetzen...'`.
3. In dem sich öffnenden Dialogfenster im Feld `'Suchen nach'` Eingaben des Zeichens '.' und im Feld `'Ersetzen durch'` Eingabe des Zeichens ','.

5 Kommunikation mit Anwendungen

4. Mausklick (linke Maustaste) auf die Schaltfläche `'Alle ersetzen'`.

Hinweis: Wird eine Datei in Microsoft® Excel eingelesen, die als Dezimaltrennzeichen statt eines Kommas einen Punkt enthält, kann es vorkommen, dass Excel die Daten teilweise als Datum interpretiert.

<u>Tipp</u> 2: **In Windows® (Version 7)**

1. In Microsoft® Windows® mittels Mausklick (linke Maustaste) auswählen: `'Start'` → `'Systemsteuerung'` → `'Zeit, Sprache und Region'` → `'Region und Sprache'`.
2. Mausklick (linke Maustaste) auf den Reiter `'Formate'`.
3. Mausklick (linke Maustaste) auf die Schaltfläche `'Weitere Einstellungen...'`.
4. Im Feld `'Dezimaltrennzeichen'` das für Deutschland voreingestellte 'Komma' durch einen 'Punkt' ersetzen.
   Das Vorgehen sollte genau überlegt sein, da die Änderung nicht nur für die eine Datei gültig ist, sondern nachhaltig für alle sein wird.

5. Mausklick (linke Maustaste) auf die Schaltfläche `'OK'`.
   Damit wird der Anpassungsdialog geschlossen.
6. Mausklick (linke Maustaste) auf die Schaltfläche `'OK'`.
   Damit wird das Dialogfenster für die `'Region und Sprache'` *geschlossen.*

5.1.2 Text in Spalten

Bei Daten, die in Excel kopiert wurden bzw. beim Import einer reinen Text-Datei, (bspw. beim Einlesen von Börsenkursen oder tabellarischen Daten aus dem Internet) machen sich oft nachträgliche Spaltenaufteilungen erforderlich. Diesbezüglich verfügt Excel über die Funktion `'Text in Spalten'` aufzuteilen.

1. (Sofern nicht vorhanden) Einfügen von Leerzellen / Leerspalten in der benötigten Anzahl gemäß des zu trennenden Textes.
2. Markieren des zu trennenden Textes.
3. In der Menüleiste mittels Mausklick (linke Maustaste) auswählen: `'Daten'` → `'Text in Spalten'`.
4. Mittels Mausklick (linke Maustaste) Aktivieren der Option `'Getrennt'`.

5. Mausklick (linke Maustaste) auf die Schaltfläche *'Weiter'*.
6. Mittels Mausklick (linke Maustaste) Aktivieren des Trennungszeichens (meistens Leerzeichen).
7. Mausklick (linke Maustaste) auf die Schaltfläche *'Weiter'*.
8. Aktivieren des gewünschten Datenformates (Änderung oft bei Zeitangaben notwendig).
9. Mausklick (linke Maustaste) auf die Schaltfläche *'Fertig stellen'*.

5.2 Excel und Word

5.2.1 Excel-Daten in Word

Die Software Microsoft® Excel ist ein Office-Produkt und mit vielen anderen Programmen kompatibel.

<u>Tipp</u> 1: **Daten aus Excel in Word-Tabelle einfügen**

In Excel:
1. Betreffende Datensätze markieren.
2. Tatenkombination $\boxed{\text{Strg}}$ + $\boxed{\text{c}}$ drücken.

5 Kommunikation mit Anwendungen

In Word (Version 2010, 2013):
3. In der Menüleiste mittels Mausklick (linke Maustaste) auswählen: `'Einfügen'`.
4. Mausklick (linke Maustaste) auf das Symbol für `'Tabelle'`.
5. Gewünschte Zeilen und Spaltenanzahl eingeben.
6. Markieren des Tabellenbereiches, in welchem die Daten aus Excel eingefügt werden sollen.
7. Tatenkombination `Strg` + `V` drücken.

<u>Tipp</u> 2: **Daten aus Excel in Word einbetten**

In Excel:
1. Betreffende Datensätze markieren.
2. Tatenkombination `Strg` + `C` drücken.

In Word (Version 2010, 2013):
3. In der Menüleiste mittels Mausklick (linke Maustaste) auswählen: `'Einfügen'`.
4. Mausklick (linke Maustaste) auf den Pfeil unterhalb des Symbols für `'Tabelle'`.
5. Mausklick (linke Maustaste) auf den Eintrag `'Excel-Kalkulationstabelle'`.
6. Gewünschte Zeilen und Spaltenanzahl eingeben.
7. Markieren des Tabellenbereiches, in welchem die Daten aus Excel eingefügt werden sollen.

8. Tatenkombination `Strg` + `V` drücken.

Tipp 3: Daten aus Excel als Objekt in Word verknüpfen

(Änderungen in der Quelldatei von Excel wirken sich in der Zieldatei von Word aus.)

In Word (Version 2010, 2013):
1. In der Menüleiste mittels Mausklick (links) auswählen: `'Einfügen'` → `'Objekt...'`.
2. In der Gruppe Text: Mausklick (links) auf das Symbol `'Objekt'`.
3. In dem sich öffnenden Dialogfenster auswählen: Registerkarte `'Aus Datei erstellen'`.
4. Im Feld `'Dateiname'` die betreffende Datei mit Pfad angeben.
5. Mittels Mausklick (linke Maustaste) Aktivieren der Option `'Verknüpfen'`.
   Damit erstellt Word keine Abbildung, sondern greift auf die Original-Datei von Excel zurück.
6. Mausklick (linke Maustaste) auf die Schaltfläche `'OK'`.

5 Kommunikation mit Anwendungen

Hinweis: Eine einzubettende Excel-Tabelle bzw. ein Objekt dürfen nicht größer als eine Seite sein. Darüber hinausgehende Zeilen und Spalten werden 'abgeschnitten'. Sofern die Tabelle größer ist, können nachstehende Schritte helfen:

In Excel:
1. Den betreffenden Tabellenbereich markieren.
2. Tastenkombination $\boxed{\texttt{Strg}}$ + $\boxed{\texttt{c}}$ drücken.

In Word (Version 2010, 2013):
3. In der Menüleiste auswählen: `'Start'`.
4. Mausklick (linke Maustaste) auf den Pfeil unterhalb des Symbols 'Einfügen'.
5. Mittels Mausklick (linke Maustaste) den Eintrag `'Inhalte einfügen...'` auswählen.
6. Mittels Mausklick (linke Maustaste) in dem sich öffnenden Dialogfenster auswählen: Listeneintrag `'Formatierten Text (RTF)'`.
7. Mausklick (linke Maustaste) auf die Schaltfläche `'OK'`.

Bei einer sehr breiten Tabelle empfiehlt es sich, der entsprechenden Word-Seite das Querformat zuzuweisen.

5 Kommunikation mit Anwendungen

In Word (Version 2010, 2013):

1. Cursor an die entsprechende Stelle setzen, an der die Tabelle erscheinen soll.
2. In der Menüleiste mittels Mausklick (linke Maustaste) auswählen: `'Seitenlayout'`.
3. Mausklick (linke Maustaste) auf den Pfeil neben dem Symbol `'Umbrüche'`.
4. In dem sich öffnenden Dialogfenster: Mittels Mausklick (linke Maustaste) Aktivieren der Option `'Abschnittsumbrüche - Nächste Seite'`.
5. Taste `Enter ↵` drücken (so dass der Cursor am Beginn der zweiten Leerzeile steht).
6. In der Menüleiste mittels Mausklick (linke Maustaste) auswählen: `'Seitenlayout'`.
7. Mausklick (linke Maustaste) auf den Pfeil neben dem Symbol `'Umbrüche'`.
8. In dem sich öffnenden Dialogfenster: Mittels Mausklick (linke Maustaste) Aktivieren der Option `'Abschnittsumbrüche - Nächste Seite'`.
9. Mit der Taste `'Nach oben'` in die dazwischen entstandene Seite wechseln.
10. In der Menüleiste mittels Mausklick (linke Maustaste) auswählen: `'Seitenlayout'`.

11. Mittels Mausklick (linke Maustaste) auswählen: `'Ausrichtung'` → `'Querformat'`.

In Excel:
12. Den betreffenden Tabellenbereich markieren.
13. Tastenkombination `Strg` + `C` drücken.

In Word (Version 2010, 2013):
14. Mausklick (rechte Maustaste).
15. In dem sich öffnenden Kontextmenü mittels Mausklick (linke Maustaste) auswählen: `'Verknüpfen und ursprüngliche Formatierung beibehalten'` oder `'Verknüpfen und Zielformatvorlagen verwenden'`.

Hinweis: Verknüpfte Excel-Tabellen sollten im Word-Dokument nicht nachträglich formatiert werden, da diese Änderungen aufgrund einer automatischen Aktualisierung verloren gehen können. Daher empfiehlt sich, eventuelle Anpassungen stets in der Ursprungstabelle, also in Microsoft® Excel vorzunehmen.

5 Kommunikation mit Anwendungen

Tipp 4: Als Objekt eingebettete Excel-Tabelle ändern

Beispiel: Zusätzliche Zeile einfügen

1. Doppelmausklick (linke Maustaste) auf die eingebettete Excel-Tabelle.
   Die Umgebung von Excel wird geöffnet.
2. Mausklick (linke Maustaste) auf den Zeilenkopf der Zeile, über welcher eine Zeile eingefügt werden soll.
3. Tastenkombination `Strg` + `+` drücken.
   Damit wird eine zusätzliche Zeile eingefügt.

Tipp 5: **Tabellenbeschriftungen automatisch erzeugen**

Beispiel: Beschriftung mit fortlaufender Nummerierung unter jeder eingefügten Excel-Tabelle

In Word (Version 2010, 2013):
1. In der Menüleiste mittels Mausklick (linke Maustaste) auswählen: `'Verweise'` → `'Beschriftung einfügen'`.
2. In dem sich öffnenden Dialogfenster: Mausklick (linke Maustaste) auf die Schaltfläche `'AutoBeschriftung...'`.
3. In dem sich nun öffnenden Dialogfenster mittels Mausklick (linke Maustaste) Aktivieren: `'Microsoft Excel Worksheet'`.

5 Kommunikation mit Anwendungen

4. Im Bereich Optionen / Feld `'Bezeichnung'` mittels Mausklick (linke Maustaste) auswählen des Eintrages `'Tabelle'`
5. Im Bereich Optionen / Feld `'Position'` mittels Mausklick (linke Maustaste) auswählen der gewünschten Position der Beschriftung (über bzw. unter dem Element).
6. Mausklick (linke Maustaste) auf die Schaltfläche `'OK'`.

Hinweis: Die automatische Beschriftung wirkt sich auf alle Word-Dokumente aus, in denen künftig eine Excel-Tabelle eingefügt wird. Sie kann auf gleichem Weg wieder deaktiviert werden.

<u>Tipp</u> 6: **Gitternetzlinien nicht anzeigen**

Damit bei den übernommenen Tabellen aus Excel die Gitternetzlinien in Word nicht angezeigt werden, können nachstehende Schritte durchgeführt werden:

Variante 1: Vor Übernahme der Tabelle in Word

In Excel:
1. In der Menüleiste mittels Mausklick (linke Maustaste) auswählen: `'Seitenlayout'`.

2. Im Bereich `'Gitternetzlinien'` mittels Mausklick (linke Maustaste) deaktivieren der Option `'Ansicht'` (Häkchen darf nicht gesetzt sein).

Nun kann die Tabelle ohne Gitternetzlinien aus Excel in Word übernommen werden.

Variante 2: Nach Übernahme in Word

In Word (Version 2010, 2013):
1. Doppelmausklick (linke Maustaste) auf die Excel-Tabelle.
2. In der Menüleiste mittels Mausklick (linke Maustaste) auswählen: `'Ansicht'`.
3. Mittels Mausklick (linke Maustaste) Deaktivieren der Option `'Gitternetzlinien'`.

5.2.2 Einfügen einer Word-Tabelle in Excel

In Microsoft® Excel lassen sich auch Tabellen aus Word einfügen.

Tipp 1: **Word-Tabelle kopieren und einfügen**

In Word (Version 2010, 2013):
1. Markieren der zu kopierenden Tabelle.

5 Kommunikation mit Anwendungen

2. Tastenkombination `Strg` + `C` drücken.

In Excel:
3. Mausklick (linke Maustaste) in die Zelle, in welcher die Tabelle beginnen soll.
4. Tastenkombination `Strg` + `V` drücken.

Tipp 2: Word-Tabelle als Word-Objekt einfügen

In Word (Version 2010, 2013):
1. Markieren der zu kopierenden Tabelle.
2. Tastenkombination `Strg` + `C` drücken.

In Excel:
1. Mausklick (rechte Maustaste) in die Zelle, in welcher die Tabelle beginnen soll.
2. In der Menüleiste mittels Mausklick (linke Maustaste) auswählen: `'Einfügen'` → `'Objekt'`.
3. In dem sich öffnenden Dialogfenster mittels Mausklick (linke Maustaste) den Reiter `'Neu erstellen'` und darin die die Option `'Microsoft Word-Dokument'` auswählen.
4. Mausklick (linke Maustaste) auf die Schaltfläche `'OK'`.

5.2.3 Diagramm aus Excel in Word einfügen

Tipp 1: Diagramm aus Excel in Word einfügen

Variante 1:

1. Das Programm Excel öffnen.
2. Das Programm Word öffnen.

In Excel:

3. Mittels Mausklick (linke Maustaste) das Diagramm markieren.
4. Tastenkombination `Strg` + `c` drücken.

In Word (Version 2010, 2013):

5. Cursor an die gewünschte Position setzen, an welcher das Diagramm eingefügt werden soll.
6. In der Menüleiste auswählen: `'Start'`.
7. Mausklick (linke Maustaste) auf den Pfeil unterhalb des Symbols 'Einfügen'.
8. Mittels Mausklick (linke Maustaste) den Eintrag `'Inhalte einfügen...'` **auswählen**.
9. Mittels Mausklick (linke Maustaste) in dem sich öffnenden Dialogfenster die Option `'Verknüpfung einfügen'` und `'Microsoft Office Excel-Diagramm-Objekt'` auswählen.

10. Mausklick (linke Maustaste) auf die Schaltfläche `'OK'`.

Hinweis: Wird das Diagramm in Excel geändert, werden die Änderungen in Word automatisch übernommen.

Variante 2:

In Excel:
1. Mittels Mausklick (linke Maustaste) das Diagramm markieren.
2. Tastenkombination `Strg` + `C` drücken.

In Word (Version 2010, 2013):
3. In der Menüleiste auswählen: `'Start'`.
4. Mausklick (linke Maustaste) auf den Pfeil unterhalb des Symbols 'Einfügen'.
5. Mittels Mausklick (linke Maustaste) die Einfügeoption `'Grafik'` **auswählen**.

Tipp 2: Excel-Diagramm-Größe in Word ändern

In Word (Version 2010, 2013):
1. Mausklick (rechte Maustaste) auf das Diagramm.

2. Mittels Mausklick (linke Maustaste) in dem sich öffnenden Kontextmenü: Auswahl des Eintrages `'Objekt formatieren...'`.
3. In dem sich öffnenden Dialogfenster: Auswahl der Registerkarte `'Größe'`.
4. Im Bereich `'Skalieren'` die gewünschte Höhe und Breite eingeben.
5. Mausklick (linke Maustaste) auf die Schaltfläche `'OK'`.

5.2.4 Excel für Seriendruck in Word

Tabellen aus Microsoft® Excel lassen sich als 'Datenspender' für Serienbriefe in Word verwenden. Bei dem Import der Daten aus Excel in Word ist zu beachten, dass auf das richtige Tabellenblatt zugegriffen wird.

Voraussetzung für den Seriendruck in Microsoft® Word mit Daten aus Excel ist der Einsatz benannter Bereiche in der Excel-Arbeitsmappe.

Tipp 1: **Datensätze aus Excel als 'Datenspender'**

In Excel:
1. Markieren aller betreffenden Datensätze.
2. Mausklick (rechte Maustaste).

5 Kommunikation mit Anwendungen

3. In dem sich öffnenden Kontextmenü mittel Mausklick (linke Maustaste den Eintrag `Namen definieren...` auswählen.
4. Im Feld `Name` den gewünschten Namen für den Datensatzbereich vergeben.
5. Mausklick (linke Maustaste) auf die Schaltfläche `OK`.

In Word (Version 2010, 2013):

6. Mittels Mausklick (linke Maustaste) in der Menüleiste auswählen: `Sendungen`.
7. In der Menüleiste mittels Mausklick (linke Maustaste) auswählen: `Empfänger auswählen` → `Vorhandene Liste auswählen`.
8. Mittels Mausklick (linke Maustaste) in dem sich öffnenden Dialogfenster die Excel-Datei auswählen und Mausklick (linke Maustaste) auf die Schaltfläche `Öffnen`.
9. Mittels Mausklick (linke Maustaste) in dem sich öffnenden Dialogfenster den Namen des erstellten Datensatzbereiches auswählen.
10. Mausklick (linke Maustaste) ob der Datensatzbereich Überschriften enthält und Mausklick (linke Maustaste auf die Schaltfläche `OK`.

5 Kommunikation mit Anwendungen

Nun wurde die Datenquelle übernommen und es kann mit dem Aufbau des Seriendokuments in Word weiter verfahren werden.

<u>Tipp</u> 2: **Eindeutigkeit der Datensätze für Word-Serienbriefe**

Um einen ordnungsgemäßen Ausweis der Daten aus Excel im Seriendokument von Word zu garantieren, ist es wichtig, dass die zusammengehörigen Sätze eindeutig erkennbar sind.

Familienname

1. In der Spalte des Familiennamens auch dann den Familiennamen eingeben, wenn er identisch zur vorangegangenen Zeile ist.

Zusätzliches Merkmal

1. Mausklick (linke Maustaste) auf den Spaltenkopf, vor welchem die Spalte mit dem zusätzlichen Merkmal eingefügt werden soll.
2. Mausklick (rechte Maustaste).
3. Mittels Mausklick (linke Maustaste) den Eintrag `'Zellen einfügen'` auswählen.

5 Kommunikation mit Anwendungen

4. In der soeben neu eingefügten Spalte: Eingabe des zusätzlichen Merkmals pro Datensatz, bspw. Kunde 1, Kunde 2, Kunde 3, ...
Nun kann beim Seriendruck in Word das zusätzlich eindeutige Unterscheidungskriterium, bspw. die Kundennummer mitgeführt werden. Verwechslungen sind damit ausgeschlossen.

Tipp 3: **Seriendruck mit gefilterten Daten**

In Word (Version 2010, 2013):
1. Mittels Mausklick (linke Maustaste) in der Menüleiste auswählen: `'Sendungen'`.
2. In der Menüleiste mittels Mausklick (linke Maustaste) auswählen: `'Empfänger auswählen'` → `'Vorhandene Liste auswählen'`.
3. Mittels Mausklick (linke Maustaste) in dem sich öffnenden Dialogfenster die Excel-Datei auswählen und Mausklick (linke Maustaste) auf die Schaltfläche `'Öffnen'`.
4. Mittels Mausklick (linke Maustaste) in dem sich öffnenden Dialogfenster die Tabelle mit den enthaltenen Datensätzen auswählen.

5. Mausklick (linke Maustaste) ob der Datensatzbereich Überschriften enthält und Mausklick (linke Maustaste auf die Schaltfläche `'OK'`.
6. Mausklick (linke Maustaste) in der Menüleiste auf `'Sendungen'` → `'Empfängerliste bearbeiten'`.
7. Empfängerliste bearbeiten.
8. Mausklick (linke Maustaste) auf die Schaltfläche `'OK'`.

Nun wurde die Datenquelle übernommen und es kann mit dem Aufbau des Seriendokuments in Word weiter verfahren werden.

5.3 Excel-Diagramm in PowerPoint

Mit nachstehenden Schritten kann ein Diagramm aus Excel in eine PowerPoint-Präsentation eingebunden werden.

Tipp 1:

In Excel:
1. Markieren des in PowerPoint einzubindenden Diagramms.
2. Tastenkombination [Strg] + [c] drücken.

In PowerPoint:
3. Tastenkombination $\boxed{\texttt{Strg}}$ + $\boxed{\texttt{v}}$ drücken.

<u>Tipp</u> 2:

In Excel:
1. Markieren des in PowerPoint einzubindenden Diagramms.

In PowerPoint:
2. Cursor an die gewünschte Position setzen, an welcher das Diagramm eingefügt werden soll.
3. Mausklick (rechte Maustaste).
4. In dem sich öffnenden Kontextmenü mittels Mausklick (linke Maustaste) die Einfügeoption `'Grafik'` auswählen.

5.4 Outlook-Daten als Datei für Excel

In Outlook 2013:
1. In der Menüleiste auswählen: `'Datei'` → `'Öffnen und exportieren'` → `'Importieren/Exportieren'`.
2. In dem sich öffnenden Dialogfenster: Auswahl der Aktion `'In Datei exportieren'`.

3. Mausklick (linke Maustaste) auf die Schaltfläche `'Weiter >'`.
4. In dem sich öffnenden Dialogfenster: Auswahl des zu erstellenden Dateityps `'Durch Trennzeichen getrennte Werte'`.
5. Mausklick (linke Maustaste) auf die Schaltfläche `'Weiter >'`.
6. In dem sich öffnenden Dialogfenster: Auswahl des Ordners, aus welchem die Daten exportiert werden sollen.
7. Mausklick (linke Maustaste) auf die Schaltfläche `'Weiter'`.
8. In dem sich öffnenden Dialogfenster: Im Feld `'Exportierte Datei speichern unter'` Angabe des betreffenden Dateinamens.
9. Mausklick (linke Maustaste) auf die Schaltfläche `'Weiter >'`.
10. In dem sich öffnenden Dialogfenster: Mausklick (linke Maustaste) auf die Schaltfläche `'Benutzerdefinierte Felder zuordnen...'`.
11. In dem sich öffnenden Dialogfenster: Zuordnung der zu exportierenden Felder aus Microsoft® Office Outlook bzw. der zu importierenden Felder in Microsoft® Excel.

5 Kommunikation mit Anwendungen

12. Mausklick (linke Maustaste) auf die Schaltfläche `'OK'`.
    Damit wird das Dialogfenster `'Felder zuordnen'` geschlossen.
13. Mausklick (linke Maustaste) auf die Schaltfläche `'Fertig stellen'`.
    Damit wird das Dialogfenster `'In eine Datei exportieren'` geschlossen.

5.5 Excel-Datei als Webseite / html speichern

Tipp 1: Ohne Konfigurationseinstellungen

1. In der Menüleiste auswählen: `'Datei'` → `'Speichern unter...'`.
2. In dem sich öffnenden Dialogfenster mittels Mausklick (linke Maustaste) als Dateityp auswählen: `'Webseite'`.
3. Mittels Mausklick (linke Maustaste) auswählen, ob die `'Gesamte Arbeitsmappe'` oder ein Ausschnitt als Webseite gespeichert werden soll.
   Bei der Auswahl 'Gesamte Arbeitsmappe' erfolgt die Erstellung eines HTML-Dokumentes mit Navigationsleiste, über die sich die einzelnen Ta-

bellenblätter auswählen lassen. Wurde ein Ausschnitt gewählt, wird dieser als einzelne Webseite dargestellt.

4. Mausklick (linke Maustaste) auf die Schaltfläche `'Speichern'`.
   Das HTML-Dokument wird ohne Konfigurationsangaben gespeichert.

Tipp 2: **Mit Konfigurationseinstellungen**

1. In der Menüleiste auswählen: `'Datei'` → `'Speichern unter...'`.
2. In dem sich öffnenden Dialogfenster mittels Mausklick (linke Maustaste) als Dateityp auswählen: `'Webseite'`.
3. Mittels Mausklick (linke Maustaste) auswählen, ob die `'Gesamte Arbeitsmappe'` oder ein Ausschnitt als Webseite gespeichert werden soll.
   Bei der Auswahl 'Gesamte Arbeitsmappe' erfolgt die Erstellung eines HTML-Dokumentes mit Navigationsleiste, über die sich die einzelnen Tabellenblätter auswählen lassen. Wurde ein Ausschnitt gewählt, wird dieser als einzelne Webseite dargestellt.
4. Mausklick (linke Maustaste) auf die Schaltfläche `'Veröffentlichen...'`.

5 Kommunikation mit Anwendungen

5. In dem sich öffnenden Dialogfenster: Auswahl der zu veröffentlichenden Elemente und Optionen.
6. Im Bereich `'Titel'` Mausklick (linke Maustaste) auf die Schaltfläche `'Ändern...'`.
7. Eingabe des gewünschten Titels und Mausklick (linke Maustaste) auf die Schaltfläche `'OK'`.
8. Im Feld `'Dateiname'` Angabe des betreffenden Dateinamen mit Pfad.
9. Mausklick (linke Maustaste) auf die Schaltfläche `'Veröffentlichen'`.

Hinweis: Sofern in Erwägung gezogen wird, Daten aus Excel in andere Programme zu exportieren, ist es grundsätzlich empfehlenswert, auf Sonderzeichen bspw. einen Schrägstrich zu verzichten.

5 Kommunikation mit Anwendungen

6 Sonstiges

6.1 Zeilen

6.1.1 Leerzeilen einfügen

Tipp 1: **Leerzeilen oberhalb der aktiven Zelle einfügen**

1. Die Zeile markieren, über die eine Leerzeile eingefügt werden soll.
   Falls mehrere Zeilen eingefügt werden sollen, entsprechend so viele Zeilen markieren.
2. Tastenkombination Strg + + drücken.

Tipp 2: **Leerzeilen unterhalb der aktiven Zelle einfügen**

1. Die Zeile markieren, unter die eine Leerzeile eingefügt werden soll.
2. Taste Shift ⇧ drücken und gedrückt halten.
3. Mausklick (linke Maustaste) auf das Kontrollkästchen in der linken unteren Ecke der markierten Zeile und die Maustaste gedrückt halten.
4. Mit der gedrückten Maustaste so viele Zeilen nach unten ziehen wie Leerzeilen eingefügt werden sollen.

6 Sonstiges

5. Maustaste und Taste `Shift ⇧` loslassen.

6.1.2 Leerzeilen überspringen

Wenn zwei Spalten zusammengefügt, jedoch dabei die Leerzeilen übersprungen werden sollen, gibt es in Microsoft® Excel eine einfache Möglichkeit.

1. Markieren der ersten Spalte.
2. Tastenkombination `Strg` + `C` drücken.
   Damit in die erste Spalte in die Zwischenablage kopiert.
3. Markieren der zweiten Spalte, die das Gegenstück zur ersten Spalte darstellt.
4. In der Menüleiste mittels Mausklick (linke Maustaste) auswählen: `'Start'`.
5. Mausklick (linke Maustaste) auf den Pfeil unterhalb des Symbols `'Einfügen'`.
6. Mittels Mausklick (linke Maustaste) den Eintrag `'Inhalte einfügen...'` auswählen.
7. In dem sich öffnenden Dialogfenster mittels Mausklick (linke Maustaste): Aktivieren der Option `'Leerzeilen überspringen'`.
8. Mausklick (linke Maustaste) auf die Schaltfläche `'OK'`.

6.2 Seitenwechsel (Seitenumbruch)

<u>Tipp</u> 1: **Seitenwechsel einfügen**

Variante 1: Horizontalen Seitenwechsel einfügen

1. Markieren der Zeile, die auf die neue Seite kommen soll.
2. In der Menüleiste mittels Mausklick (linke Maustaste) auswählen: `'Seitenlayout'` → `'Umbrüche'` → `'Seitenumbruch einfügen'`.

Variante 2: Vertikalen Seitenwechsel einfügen

1. Markieren der Spalte, die auf die neue Seite kommen soll.
2. In der Menüleiste mittels Mausklick (linke Maustaste) auswählen: `'Seitenlayout'` → `'Umbrüche'` → `'Seitenumbruch einfügen'`.

<u>Tipp</u> 2: **Seitenwechsel verschieben**

1. In der Menüleiste auswählen: `'Ansicht'` → `'Umbruchvorschau'`.

2. Mausklick (linke Maustaste) auf die Seitenumbruch-Linie (Mauszeiger wird mit zwei Pfeilspitzen angezeigt) und Maustaste gedrückt halten.
3. Verschieben der angezeigten Seitenumbruch-Linie.
4. Maustaste wieder loslassen.

Hinweis: Der manuell eingefügte Seitenumbruch wird mit einer durchgezogenen Linie und der automatisch erzeugte Seitenumbruch mit einer gestrichelten Linie dargestellt.

Tipp 3: **Seitenumbruch löschen**

Variante 1: Horizontalen Seitenumbruch löschen

1. Markieren der Zeile, über die der Seitenumbruch aufgehoben werden soll.
2. In der Menüleiste mittels Mausklick (linke Maustaste) auswählen: `'Seitenlayout'` → `'Umbrüche'` → `'Seitenumbrüche entfernen'`.

Variante 2: Vertikalen Seitenwechsel löschen

1. Markieren der Spalte, vor welcher der Seitenumbruch aufgehoben werden soll.
3. In der Menüleiste mittels Mausklick (linke Maustaste) auswählen: `'Seitenlayout'` → `'Umbrüche'` → `'Seitenumbrüche entfernen'`.

6.3 Eingabetaste

In Microsoft® Excel können verschiedenen Tastaturoptionen eingestellt werden. So ist es durchaus normal, dass einige gewohnte Tastenfunktionen nicht auf jedem Rechner zum gleichen Ergebnis führen. Wenn beispielsweise die Eingabetaste (Enter ↵) ohne die erwünschte Funktion bleibt, schaffen nachstehende Schritte Abhilfe.

1. In der Menüleiste mittels Mausklick (linke Maustaste) auswählen: `'Datei'` → `'Optionen'` → `'Erweitert'`.
2. In dem sich öffnenden Dialogfenster mittels Mausklick (linke Maustaste) Aktivieren der Option `'Markierung nach Drücken der Eingabetaste verschieben'` und die gewünschte Richtung angeben.

6 Sonstiges

3. Mausklick (linke Maustaste) auf die Schaltfläche `'OK'`.

   Nun ist die Eingabetaste mit der entsprechenden Funktion eingestellt.

6.4 Kopieren ohne Überschreiben

<u>Tipp</u> 1: **Kopieren ohne Überschreiben des Zielbereichs**

1. Die zu kopierenden Zellen markieren.
2. Tastenkombination `Strg` + `C` drücken.
3. Den markierten Bereich mit der gedrückten linken Maustaste an die gewünschte Position verschieben und vor dem Loslassen der Maustaste die Tastenkombination `Strg` + `Shift ⇧` drücken.

Hinweis: Der Zellinhalt der Zielzellen wird entsprechend verschoben.

<u>Tipp</u> 2: **Kopieren von Formeln ohne Überschreiben von Formaten des Zielbereichs**

1. Markieren der zu kopierenden Zellen.
2. Tastenkombination `Strg` + `C` drücken.

3. Mausklick (linke Maustaste) auf die erste Zielzelle.
4. In der Menüleiste mittels Mausklick (linke Maustaste) auswählen: `'Start'`.
5. Mausklick (linke Maustaste) auf den Pfeil unterhalb des Symbols `'Einfügen'` und Auswahl der Option `'Inhalte einfügen...'`.
6. Mittels Mausklick (linke Maustaste) Aktivieren der Option `'Formeln'`.
7. Mausklick (linke Maustaste) auf die Schaltfläche `'OK'`.

Hinweis: *Es werden die Inhalte (Formeln und Werte) der markierten Zellen auf den Zielbereich übertragen. Die Formatierung des Zielbereiches bleibt jedoch erhalten.*

6.5 Textfeld

Tipp 1: **Textfeld unabhängig von Spaltenbreite / Spaltenhöhe erstellen**

1. In der Menüleiste mittels Mausklick (linke Maustaste) auswählen: `'Einfügen'`.
2. Mausklick auf die Schaltfläche `'Textfeld'`.
3. Textfeld in gewünschter Größe aufziehen.

6 Sonstiges

Tipp 2: **Textfeld abhängig von Spaltenbreite / Spaltenhöhe erstellen**

1. In der Menüleiste mittels Mausklick (linke Maustaste) auswählen: `'Einfügen'`.
2. Mausklick auf die Schaltfläche `'Textfeld'`.
3. Taste Alt drücken und gedrückt halten.
4. Textfeld in gewünschter Größe aufziehen.

6.6 Trennlinie wenn Bedingung erfüllt ist

Beispiel: Trennlinie nach Namenswechsel einfügen

1. Markieren der relevanten Datensätze.
2. In der Menüleiste mittels Mausklick (linke Maustaste) auswählen: `'Daten'`.
3. Mausklick (linke Maustaste) auf das Symbol `'Sortieren'`.
4. In dem sich öffnenden Dialogfenster mittels Mausklick (linke Maustaste) Eingabe der gewünschten Sortierkriterien.
5. Mausklick (linke Maustaste) auf die Schaltfläche `'OK'`.
6. Markieren der Zellen, in dem die Formatierung vorgenommen werden soll. (Beispiel: Spalte B)

7. Taste `Tab ⇆` solange drücken bis die erste sortierte Zelle aktiv ist (weiß). (Beispiel: Zelle B1)
8. In der Menüleiste auswählen: `'Start'` → `'Bedingte Formatierung'` → `'Neue Regel...'` → `'Formel zur Ermittlung der zu formatierenden Zellen verwenden'`.
9. Eingabe der Formel für das Beispiel: `=$B1<>$B2`
   Die Formel wird automatisch auf die anderen markierten Zellen übertragen. Je nachdem in welcher Zelle die Datensätze beginnen, ist die Formel entsprechend anzupassen.
10. Mausklick (linke Maustaste) auf die Schaltfläche `'Formatieren...'`.
11. In dem sich öffnenden Dialogfenster mittels Mausklick (linke Maustaste) die Registerkarte `'Rahmen'` auswählen.
12. Eingabe der gewünschten Rahmenoptionen. (Beispiel: Rahmenlinie – unten)
13. Mausklick (linke Maustaste) auf die Schaltfläche `'OK'`.
14. Mausklick (linke Maustaste) auf die Schaltfläche `'OK'`. *Damit wird das Dialogfenster für die Formatierungsregel geschlossen.*

Hinweis: Die Formatierung muss nach jeder Neusortierung vorgenommen werden.

6.7 Dateiformat

Mit der Abspeicherung einer Datei unter einem kombinierten Dateiformat wird gewährleistet, dass auch **ältere Excel-Versionen** eine Datei, die mit einer **neueren Version** geschrieben wurde, lesen können.

1. In der Menüleiste mittels Mausklick (linke Maustaste) auswählen: `'Datei'` → `'Speichern und Senden'`.
2. Mausklick (linke Maustaste) auf `'Dateityp ändern'`.
3. Mausklick (linke Maustaste) auf `'Excel 97-2003 Arbeitsmappe'`.

Hinweis: Die Tabelleninhalte werden in der Datei 'doppelt' gespeichert, wodurch die Datei größer wird.

6.8 Formatierungszeichen / -code

Mit folgenden Schritten können Formatierungszeichen eingegeben werden:

1. Markieren der betreffenden Zelle(n).
2. Mausklick (rechte Maustaste).
3. In dem sich öffnenden Kontextmenü mittels Mausklick (linke Maustaste) auswählen: `'Zellen formatieren...'`.
4. In dem sich öffnenden Dialogfenster mittels Mausklick (linke Maustaste) die Registerkarte `'Zahlen'` auswählen.
5. Mausklick (linke Maustaste) auf `'Benutzerdefiniert'`.
6. Eingabe des Formatierungszeichens / -codes.
7. Mausklick (linke Maustaste) auf die Schaltfläche `'OK'`.

6.8.1 Darstellungen

Formatierungszeichen	Erklärung
#	Zeigt nur signifikante Ziffern an, nichtsignifikante Nullen werden ignoriert.
0	Zeigt nicht signifikante Nullen an, wenn eine Zahl weniger Stellen aufweist als Nullen im Format vorhanden sind.
?	Fügt auf beiden Seiten des Dezimalkommas Leerzeichen für nichtsignifikante Nullen ein, um Dezimalzahlen am Dezimalkomma auszurichten, (auch für Brüche mit einer unterschiedlichen Anzahl von Ziffern verwendbar).
@	Text

Mögliche Formate:

\#

Signifikante Ziffern werden angezeigt. Sofern mehr Nachkommastellen existieren als das eingegebene Zeichen '#' wird gerundet.

Beispiel:		
Zahl vorher	Code	Zahl nachher
666,66	###,#	666,7

0

Nichtsignifikante Nullen werden angezeigt, wenn eine Zahl weniger Stellen aufweist als Nullen im Format enthalten sind.

Beispiel:		
Zahl vorher	Code	Zahl nachher
666,6	###,00	666,60
,666	0,#	0,7
6	#,0#	6,0

?

Auf beiden Seiten der Dezimalstelle werden Leerzeichen für nicht signifikante Nullen eingefügt, so dass bei der Formatierung mit einer Festbreitenschrift eine Ausrichtung der Dezimalzahlen am Dezimalkomma erfolgen kann. (Auch für Brüche mit unterschiedlicher Anzahl von Ziffern möglich.)

Beispiel:		
Zahl vorher	Code	Zahl nachher
666,666	???,???	666,666
66,66	???,???	66,66
6,6	???,???	6,6

Hinweis: Es ist empfehlenswert, das erzielte Ergebnis durch die benutzerdefinierten Formate zu prüfen, ob tatsächlich das gewünschte Ergebnis vorliegt. Man kann sich relativ leicht vertun. Mit der Eingabe 0,001 und dem Code #????/???? erhält man beispielsweise 1/1000.

1000er Trennzeichen:

Beispiel:		
Zahl vorher	Code	Zahl nachher
77000	#.###	77.000
77000	#.	77
77000	0,0	77,000

Hinweis: Eingegebene benutzerdefinierte Formate werden in einer Liste gespeichert und müssen somit bei wiederholtem Bedarf nicht neu eingegeben werden.

6.8.2 Zeitformat

Formatierungs-zeichen	Erklärung
h:mm:ss.00	Zeitangabe in Stunden:Minuten:Sekunden. Hundertstel-Sekunde
h:mm:ss a/p	Zeitangabe in Stunden:Minuten:Sekunden a/p
[h]:mm	Zeitangabe in Stunden: Minuten
h:mm am/pm	Zeitangabe in Stunden:Minuten am/pm
Hh	Zeitangabe in Stunden als 00-23
H	Zeitangabe in Stunden als 0-23
H AM/PM	Zeitangabe in Stunden als 4 AM
[mm]:ss	Zeitangabe in Minuten:Sekunden
Mm	Zeitangabe in Minuten als 00-59
M	Zeitangabe in Minuten als 0-59
[ss]	Zeitangabe in Sekunden
Ss	Zeitangabe in Sekunden als 00-59

6.8.3 Datumsformat

Formatierungs-zeichen	Erklärung
JJJJ	Jahre als 1900-9999
MMMMM	Monate mit dem ersten Buchstaben des Monats
MMMM	Monate als Januar-Dezember
MMM	Monate als Jan-Dez
MM	Monate als 01.01.
M	Monate als 01.1.
TTTT	Tage als Sonntag-Samstag
TTT	Tage als So-Sa
TT	Tage als 01.01.
T	Tage als 1.1.

6.8.4 Sonstige Formate

Formatierungs-zeichen	Erklärung
0%	Prozentformatierung
0,00E+00	Exponent, z.B. 1,23E+03
##0,0E+0	Exponent, z.B. 1,2E+3
0,00" m²"	Quadratmeter
0,00" m³"	Kubikmeter

6.8.5 Währungsformat (ASCII-Code)

1. Mausklick (linke Maustaste) an die Stelle, an welcher das Währungszeichen eingefügt werden soll.
2. Tastenkombination $\boxed{\text{Alt}}$ + Zifferncode für das gewünschte Zeichen einfügen.

Formatierungs-zeichen	Erklärung
¢	Währung, Tastenkombination $\boxed{\text{Alt}}$ + 0162
£	Währung, Tastenkombination $\boxed{\text{Alt}}$ + 0163
€	Währung, Tastenkombination $\boxed{\text{AltGr}}$ + $\boxed{\text{e}}$

6 Sonstiges

6.9 Sonderzeichen

Sonderzeichen	Tastenkombination
‰	Alt + 0137
Ø	Alt + 157
ø	Alt + 0248
÷	Alt + 0247
±	Alt + 0177
x	Alt + 0215
¼	Alt + 0188
½	Alt + 0189
¾	Alt + 0190
®	Alt + 0174
©	Alt + 0169

Hinweis: Die Tastenkombinationen sind für Excel, aber auch bspw. für Word gültig.

Tipp 1: **Sonderzeichen einfügen**

1. Mausklick (linke Maustaste) an die Stelle, an welcher das Sonderzeichen eingefügt werden soll.
2. In der Menüleiste mittel Mausklick (linke Maustaste) auswählen: `'Einfügen'` → `'Symbol'`.

3. In dem sich öffnenden Dialogfenster: Mausklick (linke Maustaste) auf die Registerkarte '*Sonderzeichen*' oder '*Symbole*'.
4. Mausklick (linke Maustaste) auf das gewünschte Sonderzeichen / Symbol.
5. Mausklick (linke Maustaste) auf die Schaltfläche '*Einfügen*'.

<u>Tipp</u> 2: **Sonderzeichen mittels Tastenkombination `Alt` + Zifferncode einfügen**

3. Mausklick (linke Maustaste) an die Stelle, an welcher das Sonderzeichen eingefügt werden soll.
4. Tastenkombination `Alt` + Zifferncode für das gewünschte Zeichen einfügen.
Falls das Sonderzeichen nicht korrekt dargestellt wird: Sonderzeichen markieren und Schriftart entsprechend anpassen.

6.10 Tastenkombinationen

Auf die Menüleiste (auch Menüband genannt) lässt sich auch mittels Tastatureingabe zugreifen. Um sich notwendige Tastenkombinationen anzeigen zu lassen, drückt man die Taste `Alt`.

6 Sonstiges

6.10.1 Kombinationen mit Strg-Taste

Beschreibung	Tastenkombination
Dialogfeld *'Zellen formatieren'*	Strg + 1
Formatierung 'fett' zuweisen / entfernen	Strg + 2
Formatierung 'kursiv' zuweisen / entfernen	Strg + 3
Formatierung 'unterstrichen' zuweisen / entfernen	Strg + 4
Formatierung 'durchgestrichen' zuweisen / entfernen	Strg + 5
Wechsel zwischen Ein- und Ausblenden von Objekten und dem Anzeigen von Platzhaltern für Objekte	Strg + 6
Gliederungssymbole ein- / ausblenden	Strg + 7
Markierte Spalten ausblenden	Strg + 8
Markierte Zeile ausblenden	Strg + 9
Symbolleiste ein- / ausblenden	Strg + F1
Dialogfenster *'Drucken'*	Strg + F2
Dialogfenster *'Namensmanager'*	Strg + F3
Datei schließen	Strg + F4

Fenster minimieren	`Strg` + `F5`
Fenster verschieben, wenn Fenster nicht maximiert ist	`Strg` + `F7`
Fenster in Größe verändern, wenn Fenster nicht maximiert ist	`Strg` + `F8`
Fenster minimieren	`Strg` + `F9`
Fenster verkleinern / maximieren	`Strg` + `F10`
Neues Makro-Arbeitsblatt öffnen	`Strg` + `F11`
Dialogfenster 'Öffnen'	`Strg` + `F12`
Markieren des gesamten Dokuments	`Strg` + `a`
Kopieren	`Strg` + `c`
Dialogfeld 'Suchen und Ersetzen'	`Strg` + `f`
Dialogfeld 'Gehe zu'	`Strg` + `g`
Dialogfeld 'Suchen und Ersetzen'	`Strg` + `h`
Hyperlink einfügen / bearbeiten	`Strg` + `k`
Dialogfeld 'Tabelle erstellen'	`Strg` + `l`
Neue Arbeitsmappe erstellen	`Strg` + `n`
Dialogfeld 'Öffnen'	`Strg` + `o`

6 Sonstiges

Drucken	Strg + p
Ausfüllen – rechts	Strg + r
Datei speichern	Strg + s
Dialogfeld *'Tabelle erstellen'*	Strg + t
Ausfüllen – unten	Strg + u
Aus Zwischenablage einfügen	Strg + v
Arbeitsmappe schließen	Strg + w
Ausschneiden	Strg + x
Wiederholt letzten Befehl / letzte Aktion	Strg + y
Aktion rückgängig machen	Strg + z
Wechsel zum nächsten Tabellenblatt	Strg + Bild ↓
Wechsel zum vorherigen Tabellenblatt	Strg + Bild ↑
Aktuelles Datum in die aktive Zelle einfügen	Strg + .
Formel aus darüber liegenden Zelle einfügen	Strg + ,
Löschen – markierter Zellen	Strg + –
Leere Zeilen einfügen	Strg + +
Windows-Startmenü (Task-Leiste) anzeigen	Strg + Esc
Eingabe abschließen	Strg + Enter ↵

(Zelle bleibt aktiv)	
Blattanfang (A1)	`Strg` + `Pos1`
Tabellenende unten rechts	`Strg` + `Ende`
Cursor in die erste / letzte Zelle setzen	`Strg` + `Pfeiltaste` ←→↑↓
Dialogfeld *'Inhalte einfügen'*	`Strg` + `Alt` + `v`
Alle Tabellenblätter in geöffneten Arbeitsmappen berechnen	`Strg` + `Alt` + `F9`
Bildschirmansicht drehen	`Strg` + `Alt` + `Pfeiltaste` ←→↑↓
Formeln prüfen und berechnen	`Strg` + `Alt` + `Shift` ⇧ + `F9`
Dialogfeld *'Zellen formatieren'*	`Strg` + `Shift` ⇧ + `a`
Formatierung 'fett' zuweisen / entfernen	`Strg` + `Shift` ⇧ + `f`
Formatierung 'kursiv' zuweisen / entfernen	`Strg` + `Shift` ⇧ + `k`
Alle Zellen markieren, die Kommentare enthalten	`Strg` + `Shift` ⇧ + `o`
Dialogfeld *'Zellen formatieren'*	`Strg` + `Shift` ⇧ + `p`
Formatierung 'unterstreichen' zuweisen / entfernen	`Strg` + `Shift` ⇧ + `u`

6 Sonstiges

Aktuelle Uhrzeit einfügen	`Strg` + `Shift ⇧` + `:`
Standardzellenformat zuweisen	`Strg` + `Shift ⇧` + `&`
Gesamtrahmen der aktiven Zelle zuweisen	`Strg` + `Shift ⇧` + `-`
Prozentformat ohne Dezimalstelle zuweisen	`Strg` + `Shift ⇧` + `%`
Dezimalzahlenformat mit zwei Dezimalstellen, Tausendertrennzeichen und '-' bei negativen Werten zuweisen	`Strg` + `Shift ⇧` + `!`
Alle angrenzenden belegten Zellen um die aktive Zelle herum markieren	`Strg` + `Shift ⇧` + `*`
Währungsformat mit zwei Dezimalstellen zuweisen (negative Zahlen werden 'rot' dargestellt)	`Strg` + `Shift ⇧` + `$`
Bis zu ersten leeren Zelle nach oben markieren	`Strg` + `Shift ⇧` + `~`
Zeile einblenden (im markierten Bereich)	`Strg` + `Shift ⇧` + `)`
Exponentialzahlenformat mit zwei Dezimalstellen zuweisen	`Strg` + `Shift ⇧` + `"`
Dialogfeld 'Name aus Auswahl erstellen'	`Strg` + `Shift ⇧` + `F3`

Letzten Suchvorgang wiederholen	`Strg` + `Shift ⇧` + `F4`
Tastenkombinationen einblenden	`Strg` + `Shift ⇧` + `F10`
Dialogfeld *'Drucken'*	`Strg` + `Shift ⇧` + `F12`
Gesamte Spalte markieren	`Strg` + `Shift ⇧` + `Leertaste`
Formel als Matrixformel (Array) eingeben	`Strg` + `Shift ⇧` + `Enter ⏎`
Bis zum Anfang der Tabelle markieren	`Strg` + `Shift ⇧` + `Pos1`
Bis zum Ende der Tabelle markieren	`Strg` + `Shift ⇧` + `Ende`
Markiert vom Cursor aus die Zeilen / Spalten bis zur letzten belegten Zelle in der angegebenen Richtung (bzw. Markierung erweitern oder aufheben)	`Strg` + `Shift ⇧` + `Pfeiltaste ←→↑↓`

6 Sonstiges

6.10.2 F(unktions)-Tasten

Beschreibung	Tastenkombination
Microsoft Excel-Hilfe	`F1`
Bearbeitungsmodus für aktive Zelle	`F2`
Letzten Befehl / letzte Aktion wiederholen	`F4`
Dialogfeld *'Gehe zu'*	`F5`
Anzeige von Informationen für Menüleiste	`F6`
Rechtschreibung prüfen	`F7`
Erweiterungsmodus aktivieren / deaktivieren	`F8`
Alle Tabellenblätter in geöffneten Arbeitsmappen berechnen	`F9`
Menüleiste aktivieren / deaktivieren	`F10`
Diagramm aus aktuellen Daten erstellen	`F11`
Dialogfeld *'Speichern unter'*	`F12`
Markieren	`F8` + `Pfeiltaste ←→↑↓`

6.10.3 Kombinationen mit Alt-Taste

Beschreibung	Tastenkombination
Die Menüleiste aktivieren bzw. ein sichtbares Menü und Untermenü gleichzeitig schließen.	`Alt`
Eingebettetes Diagramm mit Daten im aktuellen Bereich erstellen	`Alt` + `F1`
Dialogfenster 'Speichern unter'	`Alt` + `F2`
Excel schließen	`Alt` + `F4`
Dialogfenster 'Makro'	`Alt` + `F8`
Dialogfenster 'Formeln auf diesem Blatt'	`Alt` + `F10`
Visual Basic-Editor öffnen	`Alt` + `F11`
Recherchieren	`Alt` + Mausklick
Zum nächsten Programm wechseln	`Alt` + `Tab ⇆`
Zum nächsten Programm wechseln	`Alt` + `Esc`
Programmmenü anzeigen	`Alt` + `Leertaste`
Bildschirmseite nach rechts	`Alt` + `Bild ↓`

6 Sonstiges

Bildschirmseite nach links	`Alt` + `Bild ↑`
Auto-Eingabe-Liste anzeigen	`Alt` + `Pfeiltaste ↓`
Zeilenumbruch in einer Zelle	`Alt` + `Enter ←`
Neues Tabellenblatt einfügen	`Alt` + `Shift ⇧` + `F1`
Zum vorherigen Programm wechseln	`Alt` + `Shift ⇧` + `Tab ⇆`
Gruppieren	`Alt` + `Shift ⇧` + `Pfeiltaste →`
Gruppierung aufheben	`Alt` + `Shift ⇧` + `Pfeiltaste ←`
AutoSumme	`Alt` + `Shift ⇧` + `=`

6.10.4 Kombinationen mit Shift-Taste

Beschreibung	Tastenkombination
Kommentar einfügen	Shift ⇧ + F2
Funktionsassistent	Shift ⇧ + F3
Informationen in Menüleiste einblenden	Shift ⇧ + F6
Dialogfenster 'Recherchieren'	Shift ⇧ + F7
Aktives Tabellenblatt berechnen	Shift ⇧ + F9
Kontextmenü anzeigen	Shift ⇧ + F10
Neues Tabellenblatt einfügen	Shift ⇧ + F11
Auswahl erweitern	Shift ⇧ + F8 + Pfeiltaste ←→↑↓
Eingabe abschließen und nächste Zelle links aktivieren	Shift ⇧ + Tab ⇆
Erweiterung um eine Bildschirmseite nach unten	Shift ⇧ + Bild ↓
Erweiterung um eine Bildschirmseite nach oben	Shift ⇧ + Bild ↑

6 Sonstiges

Markierung um eine Zelle in Pfeilrichtung erweitern bzw. aufheben	`Shift ⇧` + `Pfeiltaste ←→↑↓`
Gesamte Zeile markieren	`Shift ⇧` + `Leertaste`
Vom Cursor bis zur ersten Zelle der Zeile erweitern	`Shift ⇧` + `Pos1`
In Pfeilrichtung bis zum Ende des Datenbereichs erweitern	`Shift ⇧` + `Pfeiltaste ←→↑↓` + `Ende`
Bis zur letzten Zelle der Zeile erweitern (steht nicht zur Verfügung, wenn Kontrollkästchen 'Alternative Bewegungstasten' aktiviert wurde)	`Shift ⇧` + `Ende` + `Enter ↵`

6.10.5 Kombinationen mit Windows-Taste

Beschreibung	Tastenkombination
Windows-Explorer	`⊞` + `e`
Alle Programme minimieren	`⊞` + `m`

108

6.10.6 Weitere Tastenkombinationen

Beschreibung	Tastenkombination
Löschen – Inhalte / Löschen rechts des Cursors	`Entf`
Löschen links des Cursors	`Rücktaste ⇦`
Eingabe abschließen und nächste Zelle aktivieren	`Enter ↵`
Eingabe abschließen und nächste Zelle rechts aktivieren	`Tab ⇆`
Subtrahieren	`-`
Multiplizieren	`*`
Dividieren	`/`
Addieren	`+`
Formel beginnen	`=`
Ein ausgewähltes Dropdown-Listenfeld eines Dialogfeldes schließen oder einen Befehl abbrechen und das geöffnete Dialogfeld schließen	`Esc`
Markierung aufheben	Mausklick in eine Zelle
In der Markierung von oben nach unten bewegen	`Enter ↵`

6 Sonstiges

(falls Zellen markiert sind, wird mit der Bewegung rechts außen begonnen)	
Bildschirmseite nach unten	`Bild ↓`
Bildschirmseite nach oben	`Bild ↑`
Bewegen in der Tabelle	`Pfeiltaste ←→↑↓`
Bildlauf-Feststellmodus aktivieren / deaktivieren	`Rollen / Scroll`
Tabellenblatt rollen (in der Statusleiste steht 'SCRL')	`Rollen` + `Pfeiltaste ←→↑↓`
Blattausschnitt oben links *(Bei aktiver `Rollen`-Taste.)* Zeilenanfang (Spalte A) *(Bei inaktiver `Rollen`-Taste.)*	`Pos1`
Blattausschnitt unten rechts *(Bei aktiver `Rollen`-Taste.)*	`Ende`

6.11 Tastenbezeichnungen

Tasten-Bezeichnungen
Eingabetaste = Return = `Enter ←`
Umschalttaste = `Shift ⇧`
Ctrl = `Strg`
Schaltfläche = Button
Kontrollkästchen = Checkbox
Tabulator = `Tab ⇆`
Backspace = `Rücktaste ⇐`
Bild ab = `Bild ↓`
Bild auf = `Bild ↑`
Scroll = `Rollen`

Das Buch "Excel 2010. Probleme und Lösungen"

Das Buch ist ein Ratgeber für den Umgang mit Microsoft® Excel. In präzise formulierten Arbeitsschritten bietet es zu den unterschiedlichsten Problemen seine Lösungswege an.

Inhalt Band 2:
- Datenbanken
- Diagramme
- Schutz & Sicherheit
- Kommunikation mit Anwendungen
- Sonstiges

Der Autor Gerik Chirlek

Gerik Chirlek befasst sich seit Anfang der 90er Jahre mit der Aufbereitung von IT-nahen und rechtsrelevanten Sachverhalten. Obgleich die Tätigkeit als PC-Fachberater bereits facettenreich ist, unternimmt Gerik gelegentlich auch Ausflüge in andere Themenwelten.

Der Autor Tami Chirlek

Tami Chirlek ist seit den 90er Jahren als Programmierer wie auch Schulungstrainer tätig. Das Interesse, sich neuen technischen Herausforderungen zu stellen und die ausgeprägte Neugier für einen Blick über den Tellerrand sind Tamis Markenzeichen.

Gerik und Tami Chirlek

Excel 2010 . Probleme und Lösungen . Band 1

- Dateifunktionen
- Editierfunktionen
- Formate & Formatierungen

Excel 2010 . Probleme und Lösungen . Band 2

- Datenbanken
- Diagramme
- Schutz & Sicherheit
- Kommunikation mit Anwendungen
- Sonstiges

Excel 2010 . Probleme und Lösungen . Band 3

- Formeln und Funktionen